朝日新書
Asahi Shinsho 968

ロシアから見える世界

なぜプーチンを止められないのか

駒木明義

朝日新聞出版

はじめに

私とロシアの縁について紹介したい。

今から40年近く前。1986年に大学に入学した際に、第2外国語としてロシア語を履修したことが、私がロシアに触れるきっかけとなった。

当時はまだ、ソ連という国が地球上に存在していた。ペレストロイカと呼ばれる改革路線を始めたゴルバチョフ氏の人気が絶頂で、ロシア語選択者が前年より大きく伸びた年だった。

第2外国語としては、まじめに取り組んだ方だったろう。NHKラジオ『ロシア語講座』の生徒役に応募して1クール出演する機会にも恵まれた。

私が初めてソ連を訪れたのは、90年3月のことだ。4月から朝日新聞に入社することが決まっており、いわゆる卒業旅行。私にとっては、初めての海外旅行だった。

当時はまだ、ウラジオストクは外国人の立ち入りが禁じられていた。このため新潟から極東のハバロフスクまでアエロフロート機で飛び、そこからシベリア鉄道で約1週間かけて、モスクワに向かった。車内で一緒になったロシアの人たちに聞いたゴルバチョフ氏の評判はさんざんで、みんな口を極めてののしっていた。極端な物不足やアルコール規制が原因だった。その一方で「エリツィンに期待する」という声を数多く聞いた。

とはいえ、ソ連のような共産党1党独裁の国で、多くの人が最高指導者の悪口を平然と語るということ自体、それまでは想像もつかなかったことで、ゴルバチョフ氏の功績を物語っているとも言えるだろう。

モスクワでは、約1カ月前にオープンしたばかりのマクドナルド1号店を訪れた。冷たい雨の中の大行列、買った袋を宝物のように抱えて帰る家族連れが印象に残っている。あれから32年を経た2022年、マクドナルドはロシアから撤退した。ロシアがペレストロイカ前のソ連に先祖返りしてしまったような感慨を覚える。

2回目にロシアを訪れたのは、ソ連が崩壊してから約3年後の1994年7月だった。ロシア語を学ぶために会社からモスクワに1年間派遣されたのだ。

当時のモスクワは、犯罪と汚職とインフレの街だった。警察官は賄賂をせしめることしか考えておらず、外国人が泊まるホテルの周囲には売春で生計を立てる女性たちがたむろしていた。当時モスクワに住んでいた日本人で、街中で浮浪少年の集団に襲われなかった人は少数派だろう。

このころ、男性の平均寿命は50代にまで落ち込んだ。ロシアがチェチェンで凄惨な戦いを始めたのも、この年の暮れのことだった。あれほど期待されていたエリツィン大統領の人気はどん底に沈んでいた。

その後私がモスクワで暮らしたのは、2005~08年と13~17年。いずれも特派員として、プーチン政権2期目と3期目を取材した。

モスクワは1990年代に比べて見違えるほど栄え、高層ビルが次々に建築され、物があふれ、目に見える汚職や犯罪も減って、少なくとも多くの一般住民にとっては安全な場所になっていた。

男性の平均寿命はこの間に、約10歳延びた。

この変化が、プーチン大統領の今も高い支持率の背景にあることは、押さえておく必要があるだろう。

振り返ると、私はこれまで約9年間をロシアで過ごしたことになる。良い思い出も悪い思い出も、ロシアでの体験は私の人生の重要な一部になっていると感じる。

それだけに、2022年にロシアが始めたウクライナへの全面侵攻の衝撃は私にとって大きなものだった。

私だけではない。私のようにロシアを自分の体の一部のように感じていた人、ロシアで学んだり働いたりすることを人生の目標にしていた人たちの心を打ち砕いたのが、プーチン大統領の愚行だった。

ソ連崩壊後、民主国家として歩み始めたはずの新生ロシアが、なぜいつのまにか隣国を平然と侵略できる国になったのか。指導者を誰も止められない国になってしまったのか。私の心の奥で今もくすぶり続けている重い問いかけだ。

私は開戦から1年経った23年2月から、『朝日新聞デジタル』の会員向けにニュースレター「駒木明義と読むロシアから見える世界」を隔週で配信してきた。

ロシアを巡るときどきのできごとを綴る際に、いつも心にとめていたのは前記の問いかけであり、日本も決してひとごとではないという危機感だ。

実際、今のロシアとかつての日本には類似点が多い。他国の領土内に傀儡《かいらい》国家を作って影響力のテコとすること。他国を勝手に自国の「生命線」と位置づけること。自らの破壊工作を他国による攻撃だと主張する「偽旗作戦」を常用すること。国際機関の決定や勧告に背を向けること。議会の翼賛化が進んでいたこと——。

本書は、1年あまりの間に配信した30本以上のニュースレターや、戦争が始まってから『アエラ』『週刊朝日』をはじめとするさまざまな媒体に書いてきた原稿に大幅に加筆し、再構成したものだ。

テーマごとに大きく5章にまとめているが、どこから読み始めても、トピックごとに完結するように書いてある。

なぜロシアが戦争を始めるに至ったのか。この戦争はロシアや世界をどう変えたのか。次の戦争を始めない、始めさせないために、私たちができることはなにか。少しでも考える手がかりになるのであれば、とても嬉しい。

ここ数年のロシアを見ていて痛切に感じるのは、取り返しが付かなくなるのは本当にあっという間だということだ。

写真　朝日新聞社

ロシアから見える世界　なぜプーチンを止められないのか

目次

はじめに

第1章　プーチンが作った世界

第2章　プーチンが見ている世界

第3章　ロシアから見える世界

第4章　世界から見えるロシア

原則として肩書は取材当時のもの

第1章

プーチンが作った世界

やめられない戦争

2024年5月7日、プーチン氏が5期目の任期をスタートさせた。00年に初めてロシアの大統領に就任したプーチン氏の今回の任期は30年まで。首相を務めていた08年からの4年間も含めれば、ソ連以降で最長の指導者だったスターリンを超える。

プーチン氏は00年に初めて大統領選に立候補する前のインタビューで、こう語っていた。

「1人の指導者が16年も続けば、どんな国民でもうんざりする」

これは、ドイツで長期政権を敷いたコール元首相が退任後にスキャンダルに見舞われたことについて聞かれた際に述べた感想だ。

その倍近い期間、指導者として君臨しようとしているプーチン氏は今、かつての自身の言葉をどう思い返すだろうか。

その後の人事で目を引いたのが、国防相の交代だった。12年から務めていたショイグ氏が国家安全保障会議の書記に異動となり、後任には経済学者出身で第1副首相だったベロウソフ氏が任命されたのだ。

こうした人事があると、どうしても政権内の権力闘争や後継者争いという切り口で読み解きたくなるのが記者の習性だ。しかし、今回の人事の主眼は、ウクライナ侵攻の長期化に備える体制作りという意味合いが大きいと私は見ている。

基本的には、ペスコフ大統領報道官の下記のような説明を、額面通り受け止めてもよいだろう。

「国家予算の中で国防省と実力部門が占める割合は最近まで3％だったが、直近では6・7％まで伸びた」

「まだ危機的ではないが1980年代半ばの7・4％という数字に近づきつつある」

「実力部門の経済を、国家経済に組み込んでいくことが極めて重要だ」

2022年2月にウクライナで始めた自称「特別軍事作戦」は、短期決着させるというプーチン政権の当初のもくろみが失敗に終わった。このため、持続可能な戦時体制の構築を迫られているというわけだ。

プーチン氏は「ショイグ氏はその任にあらず」と判断したのだろう。

前触れとなったのは、24年4月23日にティムール・イワノフ国防次官が収賄の疑いで逮捕された事件だ。軍歴のないショイグ氏が国防相に起用されたときに、自ら連れてきた腹心がイワノフ氏だった。

国防次官として不動産、建設などの部門を担当。ウクライナ侵攻後は占領地の復興にも取り組んでいた。以前から分不相応な散財ぶりで有名で、豪邸建設や南仏でのぜいたくな休暇などの費用を軍事関連企業に支払わせているのではないかと指摘されてきた。疑惑が長年放置されてきたのは、ひとえにショイグ氏とのコネがあったからだろう。

同年5月14日には、クズネッツォフ人事局長が収賄の疑いで逮捕されるなど、国防省の綱紀粛正の動きが続いた。

ということで、ショイグ氏の更迭は、国防省の腐敗蔓延《まんえん》の責任を問われたと見るのが妥当だろう。

ただ、完全な失脚かどうかは分からない。異動先となった国家安全保障会議書記も非常に重いポストだ。またショイグ氏は、毎年のようにプーチン氏と休暇を共に過ごす、親しい関係で有名だ。

これまでもセルゲイ・イワノフ元国防相やドミトリー・メドベージェフ前大統領のように、かつてはプーチン氏の盟友として影響力をふるった大物が、国家安全保障会議メンバーに棚上げされて、引退同然となっている例がある。ショイグ氏が彼らと同じように名誉ある余生を送るのか、それともある程度の実権を維持するのか。判断するには、もう少し様子を見る必要があるだろう。

ショイグ氏の前任の国家安全保障会議書記で、事実上の政権No.2と見られていたパトルシェフ氏は、造船担当の大統領補佐官に転出した。こちらは、明らかな格下げという印象を受ける。

パトルシェフ氏は、プーチン氏と共にウクライナ全面侵攻開始の決断を下した数少ない側近グループの1人と見られてきた。侵攻後も積極的に論文を発表するなど、かなり目立つ言動をしていた。野心的な振る舞いをプーチン氏が「やりすぎだ」と警戒したのかもしれない。

パトルシェフ氏は、民間軍事会社「ワグネル」を率いて反乱を起こしたプリゴジン氏が2023年8月に謎の墜落死を遂げた事件に関与していたとも見られている。盟友のプリゴジン氏の「消去」が必要だとプーチン氏を説き伏せたのがパトルシェフ氏だったとすれば、更迭はプーチン氏なりの決着の付け方だったのかもしれない。

軍とは無縁のキャリアを積んできたベロウソフ氏の国防相就任に違和感を覚える人もいるだろう。だがこれは、いかにもプーチン氏らしい人選だ。

00年に大統領に就任したプーチン氏が任命する国防相はベロウソフ氏が4人目。その全員が、非軍人からの起用なのだ。

これまでの3人を見てみよう。

セルゲイ・イワノフ(01〜07年) 旧ソ連国家保安委員会(KGB)出身のプーチン氏の

盟友

アナトーリー・セルジュコフ（07～12年）税務官僚出身

セルゲイ・ショイグ（12～24年）非常事態相、モスクワ州知事を歴任

1991年のソ連崩壊後、ロシア最初の指導者のエリツィン氏が選んだ3人の国防相がいずれも軍出身だったのとは好対照だ。

軍の内部に不満を醸成しかねない人選の背景には、プーチン氏が軍そのものに対して抱いてきた不信感があるように思う。

話は、プーチン氏がKGBの要員として東ドイツのドレスデンに駐在していたころにさかのぼる。89年のベルリンの壁崩壊後に、プーチン氏が勤務するKGBの支部が、民主化を求めるデモ隊に包囲される事件が起きた。プーチン氏は、東ドイツに駐留するソ連軍に応援を要請した。ところが「モスクワの許可がなければ何も出来ない。しかしモスクワは沈黙している」と、断られてしまったのだという。

後にプーチン氏は、「ソ連も、もう長くはないな」とこのときに悟ったと述懐している。

もともとソ連軍やロシア軍は、外国からの侵略と戦うのが自分たちの本分だと考えており、政治には関与しない文化が根付いているとされる。91年のゴルバチョフ・ソ連大統領

へのクーデター未遂の際も、基本的には事態から距離を置いて、静観していた。

大統領就任後のプーチン氏は2016年、内務省に所属していた国内軍やその他の特殊部隊を大統領直属の国家親衛隊に再編し、腹心をトップに据えた。

軍の外に民間軍事会社ワグネルを創設して旧知のプリゴジン氏に運用を任せたのも、プーチン氏個人の決定だったことを疑う余地はない。

国家親衛隊やワグネルの創設からは、軍が自身の地位や身の安全を守るためには頼りにならないと考えて、自分の言うことを聞く実力組織を持っておきたいというプーチン氏の心情が透けて見える。

ただ結果的に、その判断が後述する「プリゴジンの乱」を招いたことは、プーチン氏の甘さが問われてもしかたがない失態だった。

話を戻そう。ウクライナでの戦いの長期化は不可避だというプーチン氏の考えは、24年5月7日に行った就任式の演説からも読み取れる。

演説冒頭でプーチン氏は、ロシア国民だけでなく「歴史的な領土（исторические земли）」に住む人々に感謝の言葉を述べた。

どこを念頭に置いているのかは語らなかったが、ウクライナを含むロシア国外の土地にも君臨する指導者を自任している様子がうかがえる。さらにプーチン氏は「特別軍事作戦」に参加する人々にも、感謝の言葉を述べた。

プーチン氏は「共に勝利しよう！（Вместе победим!）」と呼びかけて、演説を締めくくった。

今後6年間の任期を通じて、戦争を政権運営の中心に置く考えなのだろう。

しかしプーチン氏は、その「勝利」がいつごろ、どんな形で訪れるのかという見通しはまったく示さなかった。

6年前に行った前回の就任演説で強調した国民生活の向上や健康といった、地に足のついたビジョンは脇に追いやられた。その代わりの将来像として「今の困難を乗り越えれば、目標達成に向けた長期計画を実現できる」と語った。

私はこれを聞いて日本の戦中標語「欲しがりません、勝つまでは」を思い出した。

いつ実現するか分からない「勝利」のために「今は非常時だから」と、いつまでも国民に我慢と団結を強いる。都合が悪いことはすべて、ロシアを弱体化させようとする西側の陰謀のせいにすればよい。情報を統制し、反対する者には後述する「外国の代理人」、つまりは非国民のレッテルを貼って口を塞ぐ。

これでは、政権維持のためには戦争を継続している方が好都合だ。むしろ終わったら、あらゆる責任問題が浮上するだろう。

こうして考えると、プーチン氏は、もう戦争をやめられないのではないかという、悪い予感に襲われる。

戦争を始めてはいけない、始めさせてはいけない。取り返しがつかなくなる。改めて、強く思う。

大統領選はかくして茶番に

ロシア大統領選が2024年3月15〜17日に行われた。同じ年の米国大統領選とは異なり、その様子が日本で報じられることはほとんどなかった。

言うまでもなく、その一番の理由は、現職のプーチン氏の圧勝が確実だったからだ。

それだけではない。プーチン氏以外の3候補は選挙戦の中で、決してプーチン氏を批判しなかった。それどころか、プーチン氏を支持していることさえ隠そうとしなかったのだ。

正直言って、この茶番劇を「選挙」と呼ぶことに、ためらいを覚える。

ほとんど報じられることがなかった、候補者の顔ぶれは以下の通りだ（年齢は選挙時）。現職のウラジーミル・プーチン氏（71）のほか、共産党のニコライ・ハリトーノフ氏（75）、自由民主党のレオニード・スルツキー氏（56）、政党「新しい人々」のウラジスラフ・ダワンコフ氏（40）。

プーチン氏以外の3人は、いずれも現職の下院議員だ。このうちハリトーノフ氏とダワンコフ氏は、党首ですらない。唯一の党首スルツキー氏にしても、自由民主党の創設者で22年に死去したウラジーミル・ジリノフスキー氏とは、人気も知名度も比ぶべくもない。

2月末から、候補者によるテレビ討論会が始まった。しかし、これもほとんど注目されなかった。日本だけではなく、ロシアにおいてもだ。

なぜなら、プーチン氏が参加を拒んだからだ。泡沫候補3人が、がん首を並べても、視聴者の興味をひくはずもない。3人の口から現職批判の言葉が出ないのだから、なおさら退屈だ。そもそも3人ともウクライナ侵攻を支持しており、欧米の制裁対象となっている。

プーチン氏の欠席の理由は、ペスコフ大統領報道官が以下のように説明した。

「有権者は、あらゆる問題についてプーチン氏の見解を毎日のように知ることができる。また、国家元首としての日程が多忙を極めており、他の候補とはこの点でまったく異なる」

選挙にかまけている暇はない、というわけだ。

プーチン氏が候補者討論会を欠席するのは今回に限ったことではない。00年3月の大統領選に初めて立候補したときから、1回もテレビ討論に参加したことがない。00年当時に首相だったプーチン氏は、前年の大みそかにエリツィン氏が突然辞職したのに伴って大統領代行に就任しており、事実上の現職として選挙に臨んでいた。

プーチン氏がテレビ討論に参加しても、他の候補に見劣りすることは決してないはずだ。同じ土俵に乗ること自体が嫌なのだろう。

24年3月の大統領選で、事実上のプーチン氏の選挙公約発表会となったのが、同年2月29日に行った年次教書演説だった。この演説でプーチン氏はウクライナ侵攻の正当性を主張し、国民の結束を呼びかけた。

ただ、私が一番興味を引かれたのは、演説の中身ではなかった。プーチン氏以外の3人の大統領候補がそろって出席し、演説に拍手を送っていたという事実だ。私は生中継の動画を見て、ダワンコフ氏とスルツキー氏が映っているのを確認した。ロシアメディアによると、ハリトーノフ氏も出席していたという。

ロシアの国営通信社でさえ、スルツキー氏が誰よりも盛大にプーチン氏に拍手を送っていたと、X（旧ツイッター）への投稿で皮肉っぽく伝えた。誰もが、この大統領選が壮大な茶番だと分かっているのだ。

こんな情けない「選挙」になってしまった理由はただ一つ。ウクライナでの戦争を進めるためにも、プーチン氏が有無を言わせぬ圧勝を必要としていたからだ。

これまで最も得票率が高かった前回２０１８年の76・7％を上回ることが最低ライン。

おそらく、8割超えが必須だったろう。だから、プーチン氏を実態として支持している党からしか、立候補を認めなかったのだ。

こうしたエセ野党のことを、ロシアでは「体制内野党（системная оппозиция）」と呼ぶ。

3候補のうち、共産党のハリトーノフ氏も自由民主党のスルツキー氏も、ロシアの有権者の大多数にとっては見飽きた、何の魅力もない候補だ。唯一波乱の可能性があったとすれば、「新しい人々」のダワンコフ氏だろう。

「新しい人々」は、21年の下院選を前に設立された新党だ。若手や実業家出身者が多く、都市部の変化を求める有権者の受け皿として作られたようだ。下院選では13議席を獲得する健闘を見せた。

40歳と若いダワンコフ氏が想像以上の票を取れば、プーチン圧勝の方程式が崩れてしまう。

私が見るところ、そうした懸念を払拭《ふっしょく》する機会となったのが、23年9月のモスクワ市長選だった。実はダワンコフ氏、この選挙にも立候補していたのだ。

候補者はダワンコフ氏のほか、プーチン氏に近い現職のソビャーニン氏、共産党の候補、自由民主党の候補、プラスもう1人。今回の大統領選と極めて似た構図だった。予行演習という位置づけだったのではないだろうか。

反戦を訴えるボリス・ナジェージュジン氏のロシア大統領選立候補に必要な署名をするため同氏の選対事務所に並んだ人々＝2024年1月20日、モスクワ

結果はと言えば、ソビャーニン氏が76％を得票して圧勝。ダワンコフ氏は得票率5％で4位だった。変化を求める有権者が多い都市部でこれなら、大統領選でも脅威にはならない――大統領府はそう判断したはずだ。

ウクライナ侵攻を正面から批判する唯一の候補になりそうだったのが、元下院議員のボリス・ナジェージュジン氏（60）だった。ナジェージュジン氏は、立候補に必要な有権者10万人をはるかに上回る20万人以上の署名を集めた。届け出の期限を前にした24年1月、モスクワのナジェージュジン氏の事務所には、署名しようとする人々が長い行列を作った。

しかしナジェージュジン氏の立候補届は、

署名に不備があったとして却下されてしまった。

本当に署名に不備があったと考えるのは、ナイーブにすぎるだろう。これは、十分に予期された事態だった。『朝日新聞デジタル』がナジェージュジン氏の署名集めについて報じた際、私はコメントプラス欄に次のように書き込んだ。

「10万人の署名を集めたとしても『署名に不備があった』などの理由で政権が立候補を阻止することは簡単です。(中略)立候補できるかどうかは、政権の胸三寸です」

私の見通しが当たったことを誇りたいわけではない。ロシアの政治に少しでも通じていれば、こうなることは簡単に予想できた。

政権に批判的な独立系メディアが、興味深い内幕を報道していた。ナジェージュジン氏は事前に旧知の大統領府高官と話し合い、立候補について了承を得ていたが、その後のナジェージュジン氏の厳しいウクライナ侵攻批判が許容限度を超えたため、大統領府は立候補を認めない方針に転じた、というのだ。

実際、もっとおとなしくしていれば、立候補が実現していた可能性は大いにある。「反政権派も立候補した公正な選挙でプーチン大統領が圧勝した」という筋書きを演出するのに役立つからだ。

18年の前回大統領選でその役割を担った(担わされた)のが、ジャーナリストのサプチャク氏だった。サンクトペテルブルク市の故サプチャク元市長の娘だ。知名度は高いが得票率は2％足らずで、リベラル系候補の不人気を可視化するという政権の狙いが実現した。

もしも24年の選挙で、ナジェージュジン氏のような候補が立候補を認められていたとしたら、どの程度の得票が可能だっただろうか。一つのヒントになるのは、同年2月16日に急死した反政権派指導者ナワリヌイ氏に対するロシアの人々の評価だ。

独立系世論調査機関のレバダセンターが死の直後の2月21～28日に行った世論調査によると、ナワリヌイ氏を支持する人は11％だった。私は、非常に高い数字だと感じた。

これと同時に行われた調査で、プーチン氏の支持率は86％だった。この時点でウクライナ全面侵攻開始後の最高値だった。この数字には「今、政権に逆らうのは不適切」という社会の空気や、政権の威圧感も反映されているとみるべきだろう。

大統領選を前にした大がかりな宣伝や、ウクライナの反転攻勢の失敗もあって「プーチン氏を支持する」と答える人が増えている。そんな状況にもかかわらず、1割以上の人がナワリヌイ氏支持を明言したのは、正直驚きだった。

ちなみに不支持率は49％。「彼のことや、彼が何をしたかを知らない」が30％と非常に多く、回答しづらい雰囲気があったことがうかがえる。

仮にナジェージュジン氏が立候補を認められていたら、得票率が1割を超えた可能性があるだろう。そうなれば、体制内野党の候補3人を抑えて、次点に食い込んでいた。もちろん開票に不正がなければの話だが。

そんなことになれば、「我が国民、我々の団結、祖国への献身、祖国の運命に対する責任が、正義の戦いで決定的な役割を果たす」という年次教書演説でのプーチン氏の格調高い呼びかけが、色あせてしまいかねない。

それでも私などは、候補者の顔ぶれまでコントロールするいんちきな選挙で圧勝するよりも、正直な選挙で正々堂々と勝つ方が、よほど気持ちよく胸を張ることができると思うのだが。独裁者の心理とは不思議なものだ。

浮かぶスターリンの幻影

2024年3月の大統領選後に行った国民向けのビデオ演説で、プーチン氏は次のように語った。

「今回の選挙は、今のロシアが仲の良い一つの大きな家族であることを示した。自分たちで選んだ歴史的な道を、共に進もうではないか」

ロシアが家父長制国家であることを認めたに等しい。むしろ、そのことを誇っていると言ってもよいだろう。

もちろん、この「家族」に厳父として君臨するのはプーチン氏自身だ。家族一丸となってウクライナ侵略を続けるつもりなのだろう。国民が「天皇の赤子《せきし》」とされた戦前の日本のことを思い出してしまう。

プーチン氏は大統領選の翌日、立候補を許された3人をクレムリンに呼んで、選挙戦への協力に感謝の言葉を述べた。

候補者の1人、自由民主党のスルツキー氏は、党員票の多くを自分ではなくプーチン氏に割り当てたと説明して「重要なことは、神聖で高貴な特別軍事作戦が行われているときに、国の指導者（プーチン氏）の高い権威が確認されたことだ」と述べた。

これこそ「家族」の一員として、模範的な振る舞いだ。自らの得票を犠牲にしてまで、父親たるプーチン氏の権威の維持・向上に努めたというのだから。きっとプーチン氏の覚えもめでたいことだろう。でもはたから見ると、茶番の上塗りで、みっともないことこの上ない。

もしも、ウクライナ侵攻に批判的なナジェージジン氏の立候補が実現していたら、選挙後にこうした場面を演出することはできなかっただろう。

プーチン氏の言う「仲の良い一つの大きな家族」の内実はおそまつだ。戦争に反対したり、性的少数者（LGBTなど）の権利を主張したりする不届きな「子供」は勘当し、すり寄ってくる者で周りを固める。

確かに今のロシアでプーチン氏の権威は絶対的だが、見かけほど強固な体制ではないのかもしれない。

プーチン氏の統治は、その長さだけでなく、家父長制的な性格でも、スターリンを思わせる。

実際、最近私が話を聞いたロシアの人たちは、こちらからスターリンの名前を出さなかったのに、プーチン氏をスターリンになぞらえて語った。

そのうちの1人は、次のように語った。

「スターリンは言うまでもなく独裁者だ。しかし第2次世界大戦のとき、ドイツだけでなく、ウクライナ、イタリア、ルーマニア、ハンガリーもソ連と戦った。大変な危機だったが、ソ連は勝利した。独裁者は、独裁者。でも危機のときにはそういうリーダーが必要だ。だから今の状況では、プーチンが一番適当な大統領なのだ」

聞きながら私の心には「今の危機を作り出した張本人がプーチン氏なのに」という感想が浮かぶ。

ちなみに、この人物がソ連と戦った国の一つとしてウクライナを挙げたのは、当時ソ連の一部だったウクライナの分離独立を目指していた一派が、ソ連に攻め込んだナチスドイツに一時的に協力した歴史が念頭にあるためだ。プーチン氏がウクライナの現政権を「ネオナチ」と呼ぶ背景にも、こうした経緯がある。

一方で、スターリンを持ち上げる風潮に違和感を抱く人も、ロシアにはいる。

「プーチンのことを好きなのは年寄りばかり。スターリンもそう。若者、特に20代は誰も支持していない。でも、みんな自分の人生で手いっぱい。抵抗したら危険だ。牢屋に入れられてすべてを失うことになる。誰もそんな危険は冒そうとしない」

言われてみれば、確かに前述の「今はプーチンが適任」と言った人物は高齢者だった。

誤解のないように付言すると、「若者は支持しない」と語ってくれた人物も、プーチン氏を一応は支持しているのだという。

「頑張ろうと大統領に言われれば、私はロシア人だから応援する。でも、彼は冷たい心の持ち主だ。亡くなった人に思いを寄せることがない」

終わりの見えない戦争が続く中で、心におりのように疲労がたまっていっている様子を感じた。

世論調査を見ると、ロシアの人々のスターリン観自体が、ソ連が崩壊した30年前から大きく変化したことが分かる。

レバダセンターが興味深い結果を公表している。

「スターリンは偉大な指導者だったと思いますか?」という問いに対して、「完全にそう思う」「どちらかと言えばそう思う」と答えた人は、1992年4月の調査では29%だったのが、2023年7月には55%に達した。逆に「まったくそうは思わない」「どちらかと言えばそうは思わない」という答えは、37%から12%へと激減した。

スターリンに対して抱く感情も変化した。「敬意」を感じるという人は、01年4月に27%だったのが、23年7月には47%へと増加。「反感」「恐怖」「嫌悪」といった否定的な感情を抱く人は逆に、43%から8%へと急落した。

時系列を追ってみると、こうした世論の変化は、14年にロシアがクリミアを占領した時にはほとんど起きていなかった。スターリンへの高評価や好感は、19年ごろから急速に高まったことがわかる。

私自身は、17年にモスクワ勤務を終えて帰国したため、こうした世論の変化を肌で感じることはなかった。

ただ、気になることがあった。20年8月に発売された月刊『文芸春秋』9月号に掲載されたミハイル・ガルージン駐日大使(当時)のインタビュー記事だ。話題は、第2次世界大戦における独ソ戦の歴史に及んだ。聞き手の池上彰氏が、ドイツの攻撃が迫っているという各国のスパイからの警告にスターリンが耳を貸さなかったことが、ソ連の被害拡大につながったのではないかと質問したのに対して、ガルージン氏は「その認識は誤りだと思います」と、真っ向から否定したのだ。

ガルージン氏は、スターリンはドイツの脅威は認識していたと主張したうえで「残念ながら、ドイツ軍が極めて強かったのです」と答えた。

実際には、当時日本で活動していたソ連のスパイ、リヒャルト・ゾルゲからの警告をスターリンが無視したことが、ソ連の緒戦の大敗につながったことは、ほぼ定説となっている。日本で死刑に処せられたゾルゲがソ連で評価されて、ソ連邦英雄の称号を贈られるのは、スターリンの死後だった。次の指導者となったフルシチョフがスターリン批判に踏み切って初めて、ゾルゲの顕彰が可能になったのだ。

ガルージン氏をはじめとする歴代の駐日ロシア大使は、独ソ戦が始まった6月22日などの機会に多磨霊園を訪れ、ゾルゲの墓参りをしている。

ゾルゲの功績をたたえることと、スターリンの無謬《むびゅう》性を強調することは矛盾しているように思うのだが。要は整合性などは気にせず、歴史を政権に都合の良いようにつまみ食いしているのだ。

こうした歴史の恣意的な利用は、後に詳しく触れるように、近年のプーチン政権の特徴の一つだ。

ロシア世論の変化やガルージン氏の主張をみると、やはり19年ごろから政権の意を受けたメディアなどが発信するスターリン像に、何か変化があったのかもしれない。ウクライナの全面侵攻に向けた経緯を考える上でも、忘れてはいけない論点ではないだろうか。

進んだ民主主義の形骸化

茶番と化したのは、大統領選だけではない。

より根本的な問題は、言論の自由、情報公開、地方自治、政権を監視するメディアや議会の存在といった、民主主義が健全に機能するために必要不可欠な前提条件が、プーチン氏の統治のもとですっかり失われてしまったところにある。

プーチン氏は2000年に大統領選に初当選したころは、エリツィン前大統領の路線を受け継ぐ西側志向の指導者だと受け止められていた。しかし、民主主義の形骸化を進めたという点については、プーチン氏の姿勢は、政権の座についた直後から一貫していた。

00年に大統領に就任したプーチン氏が真っ先に標的にしたのは、自由なメディアだった。チェチェン紛争の悲惨な実態を伝える報道や辛辣な政治風刺番組で人気を集めていた民間テレビ局NTVは、オーナーが詐欺などの嫌疑をかけられて追放され、政府系企業の傘下に入った。

日本の都道府県に相当する、州や地方といった「連邦構成主体」の首長選挙は、04年9月にロシア南部北オセチア共和国のベスランで起きた学校占拠テロを機に廃止され、大統領による任命制が導入された。

首長公選制は12年に復活した（一部の地域では、議会による間接選挙制）が、実態としてはその後も大統領による事実上の任命制が維持されている。

その仕組みはこうだ。

政権が首長を交代させたいときには、まず現職に辞任させ、プーチン大統領が意中の候補を首長代行に任命する。このため首長代行はその後に行われる本番の選挙に、事実上の現職として臨むことができる。つまり日本とは異なり、首長が任期途中で退陣した場合、後任を選ぶ選挙は新人同士の争いにはならないのだ。こうして選挙は形式的な信任投票の色彩が濃くなる。

実態として、プーチン政権下で、首長職は大統領府が任命権を持つ重要ポストの一つという扱いになっている。そんな首長たちが政権にたてつくことなどあり得ない。

大統領府から任命された首長たちは、常時大統領府から厳しい査定を受けている。大統領選や議会選での投票率や与党候補の得票率は、特に重視されているようだ。

かつては大統領と激しく対立することもあった議会も巧妙に手なずけられた。07年の下院選を機に小選挙区制が廃止され、比例代表区で当選に必要な最低得票率が5％から7％に引き上げられた。これによって、一部の地方で個人的な人気がある反政権派の有力政治家や、小政党が締め出された。その後、選挙制度はほぼ元に戻されたが、すでに批判勢力が議席を獲得することは困難な状況となっていた。

プーチン氏の前任のエリツィン時代、大統領と議会の関係はまったく異なった。エリツィン氏は下院から3回も重大犯罪を理由に弾劾の手続きを受けた。

特に1999年のケースがよく知られている。今はすっかり牙を抜かれてしまった共産党が、エリツィン氏への弾劾手続きの音頭を取った。問われた罪状は5件。その中には、エリツィン氏が94年12月に開始したチェチェンへの大規模な攻撃も含まれていた。共産党はこの紛争を引き起こしたエリツィン氏の大統領令について「多数の犠牲者をもたらした犯罪行為だ」と主張した。

99年5月に行われた下院での採決の結果、定数450のうち過半数の284人が弾劾に賛成票を投じた。しかし、手続きの継続に必要な300票には届かず、弾劾には至らなかった。

大統領令で始まった軍事行動に対して下院から犯罪に問う声が上がること、ましてそれが過半数の賛同を集めることなど、今となっては想像もつかないことだ。

プーチン氏はこのとき、KGBの主要な後継組織として国内の治安を司る連邦保安庁（FSB）の長官を務めていた。弾劾のなりゆきをつぶさに観察していたプーチン氏が、議会を政権に逆らえない存在にする必要があると痛感したことは間違いないだろう。

2011年の下院選では、不正疑惑に怒った市民がモスクワなどで大規模な抗議デモを行った。その翌年、プーチン氏が4年ぶりに大統領に復帰すると、選挙監視団体などを「外国の代理人」に指定する制度が作られ、活動が抑え込まれた。

「外国の代理人」制度は、導入当初は外国からの資金援助を受けてロシア国内で政治的な活動をするNGOが対象だった。それが17年にマスメディア、19年に個人へと対象が広がった。さらに22年2月のウクライナ全面侵攻開始後、資金提供の事実を立証できなくても「外国の影響下にある」と政府が認定すれば指定できるようになり、侵攻を批判するジャーナリストや文化人らが軒並み指定されてしまった。

政権にとって目障りな有力者に好き勝手に「非国民」のレッテルを貼るための制度と化してしまったのだ。

ちなみにロシア語で外国の代理人は「иностранный агент」と書く。「агент」は英語の「agent（エージェント）」に相当する。「スパイ」や「工作員」といった語感を持つ言葉だ。

一連の動きに通底するのは、民主主義やそれを支える制度の背景にある思想や歴史を軽視し、形だけのものだと冷笑的に理解し、操作する対象としてとらえる傾向だ。これは、プーチン氏がKGBで工作員としてのキャリアを積んだことと無関係ではないだろう。ロシアでは本来違法とされている民間軍事会社「ワグネル」を設立し、個人的な友人だったプリゴジン氏をトップに据え、軍が表立って行えないような工作や作戦に従事させたことも、民主主義の軽視と同根だ。20年にプーチン氏が進めた憲法改正は、こうした取り組みの集大成と言えるかもしれない。

これまでの大統領任期をいったんリセットすることで、プーチン氏がさらに2期12年、最長で2036年まで大統領を務めることを可能にしたほか、大統領経験者の生涯にわたる不逮捕特権が新設された。

「祖国防衛者の記憶の尊重」や「歴史的真実の保護」を国家の責務と位置づける条項も導入された。その背景には、ソ連をナチスドイツと並ぶ占領者としてとらえるバルト三国や旧東欧の国々の歴史観への反発がある。政権とは異なる歴史解釈を許さないという考えは、ウクライナ現政権への「ネオナチ」のレッテル貼りに通じる。

「在外同胞の権利を擁護し、ロシアに普遍的な文化的アイデンティティーを維持することを支援する」という新たに盛り込まれた条項も、ウクライナ全面侵攻への道を用意する役目を果たしたと言えるだろう。

改正憲法には、プーチン氏が近年重視している復古主義的な道徳観の数々も盛り込まれた。この点については第2章で取り上げる。

すでに四半世紀に及んでいるプーチン氏による統治の深刻な帰結は、ロシアという国家の行為に対して、国民一人ひとりが責任を負っているという自覚の欠落だ。

ウクライナ戦争についての世論調査がそのことを浮き彫りにしている。

22年12月にレバダセンターが「ウクライナで起きている一般住民の死や破壊について、あなたに道義的な責任があると思いますか」と尋ねた調査では、「完全にある」と答えたのはわずか10%。「ある程度ある」も24%にとどまった。一方で、59%もの人々が「まったくない」と答えたのだった。

もともとロシアの国民は、年金や物価の問題を巡って政権に反発することはあっても、外交や軍事といった分野は自分たちとは関係ないと考える傾向が強い。議会、報道機関、地方自治が骨抜きにされて、そうした問題が公然と批判される場がなくなってしまったことで、ますますその傾向は強まっている。

祖国から売国奴認定されたロシアの外交官

前述のように、ウクライナ全面侵攻に踏み切った後のロシアでは、戦争に反対する人物を、政権が「外国の代理人」に指定できるようになった。戦争に突き進むのに合わせて、異を唱える者を好き勝手に売国奴扱いできる制度が用意されていったのだ。

特に私にとってショックだったのは、2023年10月にロシアの元外交官のゲオルギー・クナーゼ氏が、ロシア法務省から「外国の代理人」に指定されてしまったことだ。クナーゼ氏はロシアきっての日本通外交官として知られ、1990年代に北方領土問題解決を目指して大胆な譲歩案を作成したことで知られている。

クナーゼ氏が起案した打開策は92年3月、当時のコーズィレフ外相が渡辺美智雄外相に極秘に打診した。提案の存在は、日ロ双方ともに、今に至るも公式には認めていない。ただ、関係者の証言をまとめると、以下のような内容だったようだ。

1. 北方四島のうち歯舞、色丹については、日本への引き渡し方法について合意する。
2. 国後、択捉については、将来の地位について日ロ間で協議を進める。

話し合いのどの段階で平和条約を結ぶのかなどについて、関係者の証言に食い違いはあるが、前記の2点は、ほぼ一致している。

「コーズィレフ提案」とも呼ばれるこの提案は、二つの点で画期的だった。

1. ロシアに歯舞、色丹の日本への返還義務があることを明示的に認めている。

2. 国後、択捉の帰属についても交渉の余地があるとの立場をとっている。

いずれも、北方領土交渉の長い歴史の中で、ソ連もロシアも示したことがない大胆な譲歩だ。

ちなみに、現在のプーチン政権の立場は以下のようなものだ。

1. 第2次世界大戦の結果として4島は正当にソ連領となり、それをロシアが引き継いだ。そのことを平和条約で確認する必要がある。

2. 歯舞、色丹を将来日本に引き渡すかどうかは、その後の交渉次第だ。

要するに、これから結ぶ日ロ平和条約で、まずは4島すべてをロシア領として確定するという主張だ。これははっきり言えば「0島返還」だ。

プーチン氏もかつては2島返還を否定しない立場だったが、今は冷戦時代のソ連に先祖返りしている。こうした変化は、大統領2期目の2004年から05年にかけて鮮明になっていった。

クナーゼ氏は別に日本にこびを売ろうとして譲歩に踏み切ったわけではない。国際法の専門家として、虚心に過去の経緯を検討して出した結論が「2島の日本への引き渡し+2島の継続協議」だった。

話はソ連の末期にさかのぼる。当時のゴルバチョフ大統領が、1991年4月の訪日を前に、北方領土4島の法的地位について、ソ連の専門家たちに検討させたのだ。

その結果をまとめた報告書は当時極秘とされていた。それを2013年に『朝日新聞』の大野正美記者が入手して報道した。

報告書の作成には、1990年の秋から冬にかけて、約3カ月が費やされた。集められたソ連を代表する国際法や日本の専門家たちは、過去の文献を検討しただけではない。国際司法裁判所(ICJ)に提訴した場合を想定して、日本チームとソ連チームに分かれて模擬裁判を行ったという。

クナーゼ氏は当時、IMEMOの略称で知られる世界経済国際関係研究所の日本部長として、この作業に参加した。

ゴルバチョフ氏のためにまとめられた報告書に記された結論は、以下のようなものだった。

1．戦後日ソ両国が国交を回復した56年の日ソ共同宣言で、ソ連は歯舞、色丹の日本への引き渡し義務を負った。
2．ソ連による国後、択捉領有のための法的手続きは完了していない。

このときの検討が、2年後の「コーズィレフ提案」につながったのだった。

目先のことだけ考えれば自国に不利かもしれない。しかし国際約束を誠実に履行し、国際法を順守することが、長い目で見れば自国の利益を守ることにつながる。それがクナーゼ氏の信念だったのだろう。

クナーゼ氏が、プーチン政権から「外国の代理人」に指定された理由となったのは、まさに彼のそんな信念だった。それは、研究者や外交官として譲ることができないプロフェッショナリズムと言ってもよいだろう。

クナーゼ氏が「外国の代理人」に指定される直接のきっかけとなったとみられる論文に、

その姿勢がよく表れている。

論文のタイトルは「外交へのレクイエム（鎮魂歌）」。2022年12月、ウェブメディアの『ノーバヤ・ガゼータ・ヨーロッパ』に発表された。

ざっくりと要約を紹介しよう。

冒頭でクナーゼ氏は、ウクライナへの全面侵攻について端的に指摘する。

「恐ろしいことが起きた。（ナチスドイツがポーランドに侵攻した）1939年以降で初めて、欧州の大国がもう一つの小国を攻撃した。明らかに、その国を解体し、奴隷にするために」

ロシア外交の現状について、以下のように嘆く。

「ロシアの対外政策は、ウクライナで行っている軍事的愚行を支持しない国を罵倒し、距離を置こうとする国からは、せめて消極的な『理解』だけでも取り付けようとする、うんざりするような作業に堕してしまった」

実名こそ出していないが、プーチン氏のことも厳しく批判している。

「テレビに大統領のような顔をした人物が出ている。シャンパングラスを手に嫌らしい笑みを浮かべて、ウクライナの人々を飢えと寒さで苦しめるために、民生インフラを破壊していることを認めた上で問いかける。『だが、最初に始めたのは誰だろうか？』――始めたのはあなたですよ、大統領」

クナーゼ氏は、国が正常な外交政策を進めるための前提条件をこう説明する。

「政策決定者が誤りを回避する、あるいは少なくとも、犯してしまった誤りを修正できるような、チェック・アンド・バランスが機能していること」

これとは反対に、不正常な外交政策は「抑制不能な権力、あらゆる反対意見表明の禁止、社会を団結させる手段としてのヒステリー状態」を特徴としているという。クナーゼ氏の見るところ、現在のロシアはまさに不正常の典型例なのだ。

そんな状態の中で、職業外交官がやれることはあるのだろうか。

ここでクナーゼ氏が思い起こすのは、自身の体験だ。83年9月にサハリン沖で起きたソ連軍機による大韓航空機撃墜の1カ月後に、東京のソ連大使館に着任した。日本人28人が犠牲になったこの事件で、当時のソ連は大韓航空機がスパイ機だったと主張し、撃墜を正当化していた。

クナーゼ氏は日本で敵意に囲まれながら仕事をした経験を振り返りながら、後輩たちの今の葛藤を想像する。

「ふつうの知性とまともな記憶力があるなら、主権国家ウクライナへのロシア軍の攻撃が合法だなどと、どうして主張できるだろうか？」

「ロシアの外交官はみな教養があり、聡明で、すべてのことをよく分かっている。しかし、それぞれに事情を抱えている。家族、ローン、年老いた両親、あるいは単に目立たないように振る舞うという長年の習慣。いつか良い時代が来ることを願って沈黙を守ろうとする者たちもいる」

外交の第一線で苦労をしている外交官に同情を寄せる一方で、侵略の片棒を担ぐ幹部たちには、厳しい目を向ける。

「マリア・ザハロワ（外務省報道官）のような無節操な出世主義者たちは今、必死になって活動している。こうした人々にとっては祖国の恥辱でさえ、昇進のチャンスなのだ」

「現政権が崩壊すれば、ラブロフ（外相）、ネベンジャ（国連大使）、リャプコフ（外務次官）といった者たちは、職を追われるだろう。運が良ければ、国際法廷からは逃れられるかもしれないが。私は彼らを哀れみも同情もしない。裁くのは神だ。しかし私自身は、彼らへの判決をすでにくだしている」

クナーゼ氏の論文は、声を上げる勇気とプロフェッショナリズムの重要性を、日本の私たちにも伝えているように思う。

進む言論統制

2023年11月17日、ペスコフ大統領報道官が大変気になる発言をした。

「現在は、非常に厳しい戦時であり、政府による厳しい措置が必要だ」

「もちろん戦時下においては、ある程度の検閲が必要だ。平時であれば容認できないような一定の規則が必要になる。そのような措置は、強制力を持たなくてはならない」

「検閲が必要だ」とは恐ろしいことを言ったものだ。ロシア連邦憲法は第29条第5項で「マスメディアの自由は保障される。検閲は禁じる」とはっきり規定しているのだから。

ロシアの法制上、軍事検閲が例外的に認められるケースもある。それは、大統領によって戒厳令が導入された場合だ。

ちなみに戒厳令の「戒厳」はロシア語で「военное положение」と書く。直訳すれば「戦争の状態」だろうか。

一方、前記のペスコフ発言の中で「戦時」と訳した部分の原文は「военное время」。直訳すれば「戦争の時」。両者は字面も似通っており、語感もほとんど変わらない。

要はペスコフ氏の頭の中では、今のロシアは戒厳令下にあるのも同然なのだろう。だからこそ「検閲が必要」などと軽々しく口にしてしまうのだ。

しかし法制上は、ロシアが今、戒厳令を敷いているわけではない(例外はある。22年9月にロシアが一方的に編入を宣言したウクライナの4州に対しては、その後戒厳令が発出されている)。

ロシアは開戦以来、ウクライナ侵攻は「特別軍事作戦」であって戦争ではないと一貫して主張している。しかし、開戦から1年以上が経過すると、プーチン大統領自ら「戦争（война）」という言葉を使うケースが目立つようになった。たとえば23年6月には以下のように述べた。

「これが戦争でなければ何なのだ。これは戦争なのだ」

このときプーチン氏は、この「戦争」は西側の支援を受けたウクライナが14年に始めたと主張した。当時ウクライナで大統領の座にあったヤヌコビッチ氏が、欧州連合（EU）加盟を求める市民らが始めたデモが引き金になって政権の座から追われた事件が、今に至る戦争の始まりだったというのがプーチン氏の言い分だ。

短期間で決着をつけるという当初のもくろみが外れたため、一種の戦争だと認めざるを得なくなったのだろう。

さて、検閲の必要性を主張したペスコフ氏は、軍や軍事作戦に対する健全な批判と、取り締まるべき誹謗《ひぼう》中傷の線引きについて聞かれて、以下のように答えた。

「どこに境界があるかについては答えられない。とても微妙な問題だ。だから、批判の言葉を投げかけようとする全ての人に、10回は考え直すようアドバイスする」

これはもう、政権が好き勝手に言論を取り締まれると言っているに等しい。

なぜペスコフ氏は、こうした乱暴なことを言い始めたのだろうか。確かにウクライナの戦況も理由の一つだろう。それに加えて、翌24年3月に迫っていたロシア大統領選が大きな理由だったように思う。

プーチン氏にとっての最優先事項は、大統領選で有無を言わせぬ圧勝を収め、6年間の任期を手に入れることだった。

そのためにも、プーチン氏への批判につながりかねない波乱要因を根絶やしにしておこうとプーチン氏や側近たちは考えたのだろう。

対ウクライナ強硬派の立場からプーチン氏を生ぬるいと批判していた軍事専門家ギルキン氏の逮捕（23年7月）や、プリゴジン氏の、私が当初予想していたよりも早かった死（同8月）も、こうした文脈で理解すべきではないかと私は考えている。

ちなみにギルキン氏は逮捕後、大統領選立候補に意欲を表明した。政権が神経をとがらせるのもうなずける成り行きだった。

ペスコフ報道官は「検閲が必要だ」という発言と同時に「外国の代理人」についても語っている。

「『外国の代理人』に関連した法律に違反した者に対して厳しい措置を取るのは、ロシアが独立を強めているという文脈の中でのことだ」

「外国から資金を受けとる者の多くは、ロシアの政治に干渉しようとした」

しかし「外国からの干渉をはねつける」というのは名目に過ぎない。政権批判を封じるための道具として使われているのが実態だ。その意味で「外国の代理人」は検閲と同根だ。ペスコフ氏は「外国から資金を受け取った者」と言っているが、これも不正確だ。前述のように、2022年末の法改正で、実際に外国から資金を受け取っていなくても政府が「外国の影響下にある」と認定すれば「外国の代理人」に指定できるようになった。

クナーゼ氏のように影響力がある人物が、ロシアによるウクライナ侵略を公然と批判しただけで、「外国の影響下にある」と認定されて、スパイ扱いされてしまうのがロシアの現状だ。

実際に指定されると何が起きるのだろうか。

まず、指定された個人や団体は、法務省が公表するリストに掲載される。

また活動に多くの制約が課せられ、不名誉な扱いを受けることになる。

例えば、ロシアのメディアが対象となった人物や団体を取り上げる場合、名前の直後に「ロシアで外国の代理人に指定」というただし書きが付記される。

これと同じような扱いを受けているのが、ロシアでテロ組織に指定されている過激派組織「イスラム国」(IS)やオウム真理教などだ。この場合、名称の直後に「ロシアで禁止されている」というただし書きがつけられる。

つまり、「外国の代理人」に指定されると、テロリスト同然の扱いを受けるわけだ。

また、教育活動への参加や、未成年者向けの情報発信、地方自治体の事業への参加、国からの財政支援の受領なども禁じられる。これらに違反すると、刑事罰の対象になり得る。明示的に禁じられていなくても、「外国の代理人」に指定された人物を雇用したり発言の機会を与えたりすれば、政権からにらまれ、いつどんな不利益を被るかわからない。そうした無言の圧力も大きな影響を及ぼしている。

ロシアに住む私の知人は「今は何を言っても『外国の代理人』にされてしまう。人民の敵ということだ」と語る。この制度が社会を暗雲のように覆い、窒息させているというのだ。

24年時点で400人近い個人が「外国の代理人」に指定されている。著名なジャーナリスト、人権活動家、反体制政治家などが網羅されている。

その中には、21年にノーベル平和賞を受賞したロシアのリベラル紙『ノーバヤ・ガゼータ』のドミトリー・ムラトフ編集長や、22年にノーベル平和賞を受賞したロシアの人権団体「メモリアル」創設者の1人で、人権活動家のスベトラーナ・ガヌシュキナ氏も含まれる。

皮肉なもので、こうなると「外国の代理人」は、名誉な称号にさえ思えてくる。

23年11月24日には、00年に発足したプーチン政権で初代首相を務め、その後決別したミハイル・カシヤノフ氏も指定された。カシヤノフ氏はX（旧ツイッター）に以下のように投稿した。

「ロシア当局の声明によると、カシヤノフ元首相はウクライナ侵攻に反対し、ロシア反戦委員会のメンバーであることを理由にリストに加えられたという――その通り。すべてが正しい」

「外国の代理人」に指定されたことをむしろ歓迎して、胸を張る姿勢を表明したのだ。

プーチンが語った「後悔」

2023年12月14日、プーチン大統領は4時間にわたってテレビの生放送に出演した。番組のタイトルは「年末総決算、ウラジーミル・プーチンと共に　Итоги года с Владимиром Путиным」。

毎年恒例行事となっている年末の大型記者会見と、近年は6月ごろに行われるのが通例となっていた国民との対話番組を、同時開催したのだ。

22年はウクライナでの戦況がロシアにとって思わしくないこともあり、いずれの行事も中止された。しかし23年6月以降のウクライナの反転攻勢は目立った成果を挙げられず、状況は前年と様変わりした。

なにより、24年3月に大統領選を控え、プーチン氏は、いつまでも逃げているわけにはいかないと腹をくくって、番組に出る決断をしたのだろう。

番組が始まって間もなくのこと。司会者が、ロシア国民だけでなく、世界中が大きな関心を抱いている質問をぶつけた。

「平和はいつ訪れるのでしょうか?」

プーチン氏の回答は、私を失望させるものだった。

「平和は、我々が目的を達成したときに訪れる。目的は以前と変わっていない。ウクライナの非ナチ化であり、非武装化であり、中立化だ」

「非ナチ化」とは、要はロシアに刃向かうことは許さないという意味だ。非武装化と中立化は、ウクライナ軍を解体し、北大西洋条約機構（NATO）などに加盟することも認めないということを意味する。

現状で停戦する気などさらさらない。ロシアが22年9月に、占領の実態もないのに一方的に併合を宣言してしまった東部南部4州を割譲されたとしても不十分。プーチン氏が望んでいるのは、そんなことではないのだ。

ウクライナの主権国家としての存続を認めない。ロシアの属国としての地位を受け入れるまで戦争を続けるというのが、プーチン氏の宣言だった。

もちろんこれは、ウクライナが受け入れられる要求ではない。

それだけではなく。ロシアの多くの国民の願望ともかけ離れた主張だった。

独立系レバダセンターがこの番組の直前の11月に行った調査では、継戦を望む人（36%）よりも交渉開始を望む人（57%）が多いという結果が出た。

ロシア政府系の「全ロシア世論調査センター」が12月に発表した、24年に期待することを尋ねた調査では、最も多い45%が「特別軍事作戦の終結」を選んだ。

00年に大統領に就任したプーチン氏は、基本的には国民の願望を実現することで支持を固めたと言える。それは、1990年代ロシアの社会、経済、政治の大混乱を克服し、普通の人が安心して暮らせる国にすることだった。

しかし、いつのまにかプーチン氏は国民の願いに耳を傾けるのではなく、自分が考える「正義」を国民に押しつけ、協力を強いる独裁者へと変貌してしまったのだ。

プーチン氏は、国民を自らの理想に仕える僕《しもべ》のように考えている。そのことが浮き彫りになったのが、2022年11月25日にクレムリンが公表した会合の様子だ。プーチン氏は、ウクライナで参戦している兵士の母親たちと面会した。

その1人は、息子を戦場で失ったことを打ち明けた。

プーチン氏は「それは大きな悲劇だ」と語ったうえで、こう付け加えた。

「しかし、私の頭に浮かぶのは、我が国では交通事故で毎年約3万人が亡くなり、アルコールでも同じくらい亡くなるということだ」「重要なことは、我々は皆、死を免れず、我々は皆、神の下にあるということだ。私たちはいつかこの世を去る。避けられないことだ」

プーチン氏は続けた。

「問題は、どう生きたかということだ。生きているのかいないのか分からないような者もいる。ウォッカかなにかで死んでいく者もいる。生きたのか生きていなかったのか分からない者も」

「しかし、あなたの息子さんは確かに生きたのだ。彼の目的は達成されたのだ。無為に人生を終えたわけではない。分かりますか？　彼の人生は意義のあるものだったのだ」

交通事故で死ぬ者も酔っ払って死ぬ者も大勢いる。でも、国のために死んだあなたの息子の人生は無為ではなかった――こんなことを日本の指導者が言ったら、大きなスキャンダルになり、辞任に追い込まれるかもしれない。国のために死ぬことを美化する、戦時中の「名誉の戦死」という言葉を思わせる発言だ。

今のロシアが抱える問題は、プーチン氏がこうした発言をしたというだけにとどまらない。

私が驚かされたのは、クレムリンがこの場面を隠したりせず、堂々と公開したことだ。公開されたプーチン氏と母親らとの面会は、明らかに録画されたものだった。大統領府がこのやり取りが社会の反発を招くと考えていたら、この場面はカットされていただろう。実際、ロシア社会でプーチン氏の発言が大きな問題になることはなかった。

ロシア社会と私たちの感覚にはずれがあることは、いつも意識しておく必要があるだろう。私たちの常識が通用しないのは、ロシア社会に限ったことではないが。

23年12月14日に放映された「年末総決算」でもう一つ私の印象に最も強く残ったのは、4時間あまり続いた番組の締めくくりの質疑だった。ロシアの有力紙『コメルサント』のコレスニコフ記者が、次のような質問をぶつけた。

「2000年当時の自分自身と話せるとしたら、何を警告しますか?」

プーチン氏は、答えた。

「何を警告するか。パートナーと称する連中に対して無邪気に接するな。信用しすぎるな、ということだ」

とても重い言葉だ。

23年前、大統領に就任した当時の自分は、欧米を中心とする諸外国に対して子供じみた甘い幻想を抱いており、結果的にだまされてしまった――プーチン氏は今、そう考えているのだ。

プーチン氏の頭は、すっかり猜疑心と被害者意識に占領されてしまっている。私はそんな印象を受けた。

実は00年に、今のプーチン氏が言うところの「子供じみた」考えを直接聞いていたのが、記者会見で質問をしたコレスニコフ氏だ。

プーチン氏は当時、エリツィン大統領から後継者に指名されており、初めての大統領選に向けた選挙運動の一環として、長時間のインタビューを受けた。そのときに質問者を務めた3人のジャーナリストの1人がコレスニコフ氏だったのだ。

そのときのプーチン氏の言葉をいくつか紹介しよう。

ソ連がハンガリーやチェコの民主改革運動に軍事介入した歴史について。

「大きな過ちだった。私たちが今、東欧でロシアへの憎悪に直面しているのは、こうした過ちの結果なのだ」

ロシアの国家像について。

「私たちは西欧文化の一部だ。国民がどこに住んでいようと、我々は欧州人なのだ」

いずれも、今のプーチン氏の言動とは食い違っている。

これらの発言には、エリツィン氏の路線を継続するという、選挙向けの宣伝という意味合いがあったことも事実だろう。

しかし、欧米、特に欧州をパートナーとして重視する姿勢は、少なくとも14年のクリミア占領までは変わらず続いていた。欧州への石油・ガスの輸出で経済の屋台骨を支えるというのが、ソ連時代から変わらないロシアの生き方だったからだ。

軍事同盟であるＮＡＴＯには反発しつつも、主に経済的な協力で結びついているＥＵはパートナーと見なすというのが、プーチン氏の長年の姿勢だった。

ロシアが中心となって旧ソ連の国々とユーラシア経済連合を作る。それをＥＵと連携させることで、「リスボンからウラジオストクまで」広がる巨大な経済圏をつくる。プーチン氏はかつて、そんな構想をしばしば口にしていた。

プーチン氏はどこかの段階で、すっかり変わってしまった。

それ以上に、いつのまにか、指導者が道を誤っても誰も止められない国になってしまっていたところが、ロシアの悲劇であり、大きな教訓だろう。

もしも00年のプーチン氏が今のプーチン氏を見たら「悪夢だ。何をバカなことをやっているんだ。ロシアを滅ぼすつもりか。すぐに愚かな戦争をやめて、後進に道を譲れ」と言うのではないだろうか。

もう一つ、この番組で面白かった場面を紹介しよう。

大統領府はこの番組に向けて、国民に携帯のショートメールを使って質問を寄せるよう呼びかけた。スタジオに設置された大きなスクリーンには、寄せられた質問が次々に表示された。国民に開かれた番組であることを印象づけるための演出だ。

ところが、政権にとって都合が悪い質問がいくつかテレビに映ってしまったのだ。

「あなたが言う事実が、私たちの現実とかけ離れているのはなぜですか？」

「大統領、いつになったらロシアの現実は、テレビが報じる姿と違わなくなるのでしょうか？」

プーチン氏はこの日の番組の冒頭で、ロシア経済の現状について「現状に自信を持つだけでなく、さらに前進するのに十分な状況だ」と胸を張った。

しかし、そうした言葉に納得いかない視聴者がいることが、図らずも同じ画面に映し出されてしまったのだ。

運営側が何か対策を講じたのか、番組後半ではこうした批判的な意見が画面に映ることはなくなった。

しかし、プーチン氏の見せようとするロシアと、国民が見ているロシアに食い違いがあることが露呈してしまった一コマだった。

親欧米指導者の変貌

ロシアの政治風景がすっかり変わってしまったことを象徴する存在が、かつては政権内の親欧米派の代表的存在と目され、2008～12年にプーチン氏に代わってロシアの大統領を務めたメドベージェフ氏だ。

24年初め、メドベージェフ氏の名前が「切腹」という言葉と共に、久しぶりに話題となった。

メドベージェフ氏は、岸田文雄首相が1月30日の施政方針演説で対ロ関係について「領土問題を解決し、平和条約を締結するとの方針を堅持します」と述べたことに反発。SNSへの投稿で、北方領土はロシア領としてすでに確定していると主張したうえで、「悲しむサムライ」に切腹で人生を終えるよう呼びかけたのだ。

メドベージェフ氏は、岸田首相が演説の中で領土問題に言及したことや、ロシアへの制裁は維持する考えを表明していることを批判した上で、以下の3点を主張した。

1．「領土問題」は（20年に改正された）ロシア憲法の規定で、永遠に閉ざされた。

2．クリル諸島（千島列島と北方領土のロシア名）はますます発展する。同時に、そこへの新しい兵器の配備も含めて、戦略的価値も向上する。

3．私たちにとって、いわゆる「北方領土」に対する日本人の感情など、まったくどうでもよいことだ。そこは係争地ではなく、ロシアの領土だ。深く悲しむサムライがいるなら、日本の伝統的な方法で人生を終えることができる。切腹だ。もちろんその勇気があるならば、だが。まあ、広島と長崎のことを完全に記憶から消して、米国人といちゃつく方がずっと楽しいだろうけれど。

ずいぶんと挑発的で、失礼な言い分である。

実はメドベージェフ氏が日本人に切腹を呼びかけるのはこれが初めてではない。23年1月13日、岸田首相がワシントンでバイデン米大統領と会談し、ロシアによる核の威嚇は認められないという意見で一致したときのことだ。メドベージェフ氏は翌日のSNSへの投稿で「広島と長崎で核の火によって焼かれた数十万人の記憶を裏切って、ロシアについて、たわごとを言っている」と岸田氏を批判。「日本人には同情するしかない。この恥辱をそそぐには、(岸田氏は)帰国後すぐに閣議で切腹するしかない」と主張したのだ。

23年と24年に共通するのは、広島と長崎に原爆を投下した米国と同盟関係を維持している日本を揶揄している点だ。ロシアはソ連時代から、原爆問題を日本と米国の間に打ち込むくさびとして利用しようとしてきた。

日本人に切腹を促すロシア要人は、メドベージェフ氏だけではない。

15年8月に、当時首相だったメドベージェフ氏が北方領土の択捉島を訪問したときのことだ。訪問に抗議する日本に対して、ロゴージン副首相（当時）がツイッター（現X）に、以下のように書き込んだ。

「彼らが本当の男なら、伝統にのっとってハラキリをして静かになっただろう。だが、ただ騒いでいるだけなのだ」

もう一つ例がある。発言の主は、ドミトリー・キセリョフ氏。ロシア国営テレビの有名司会者だ。

19年の年頭、当時プーチン大統領との間で北方領土問題の解決を目指していた安倍晋三首相が「交渉は重要な局面を迎えており、プーチン大統領と共に終止符を打つという決意で交渉に臨んでいる」と決意を語った。

キセリョフ氏は1月13日の番組で、この発言を取り上げた。安倍氏がプーチン氏の「決意」を勝手に代弁したこと、「重要な局面」を一方的にロシアに押しつけようとしていることを批判してから、次のようにカメラに語りかけた。

「ロシアやプーチンとの関係で、安倍氏は面目を失った。もちろんそれはハラキリの理由にはならないだろうが、気まずいことになったものだ」

ロシア人は、よほど切腹やハラキリが好きなようだ。

ちなみにロシア語で切腹は「сэппуку」、ハラキリは「харакири」と書く。いずれもロシアで普通に通じる言葉だが、ハラキリの方が使用頻度はずっと多いようだ。ただし、メドベージェフ氏は切腹派だ。

「сэппуку」や「харакири」でニュースを検索してみると、タス通信が24年1月18日にこんなニュースを配信していた。

「ノボシビルスクの宅配すし店『ハラキリ』が集団食中毒で営業停止」

「ハラキリ」という店名には驚かされる。そういえばモスクワに赴任していた際に、「ハラキリ」という名前の家庭用包丁セットを売っていたことを思い出した。「ハラキリ」や「切腹」は日本の精神性を象徴するイメージで、必ずしも否定的なニュアンスではないのかも知れない。

話が少しそれてしまったようだ。メドベージェフ氏に戻そう。法律家出身で、プーチン氏が1990年代にサンクトペテルブルク市役所に勤務していたときからの盟友だ。

前述のように、かつては親欧米のリベラル派を代表する存在と目されていた。2008年からプーチン氏に代わって大統領を務めた際には、オバマ米大統領との間で新戦略兵器削減条約（新START）に署名するなど、核軍縮分野でも一定の成果を残した。経済的な自由、言論の自由を擁護する考えもしばしば表明していた。

当時は副大統領だったバイデン氏が、メドベージェフ氏の続投に期待を示して「プーチン氏は大統領に復帰するべきではない」と公言したこともある。これはプーチン氏を怒らせただけでなく、メドベージェフ氏は米国に都合が良い大統領だというイメージをロシアで広げた、大変うかつな発言だった。

そんなメドベージェフ氏だが、北方領土問題については一貫して強硬だ。10年11月には、旧ソ連やロシアの最高指導者として、初めて北方領土を訪問。国後島でツイッター（現X）に「ロシアには美しい場所が何と多いことか」と投稿し、そこがロシア領であるという姿勢を誇示した。大統領を退いた後も、首相として12年、15年、19年に訪れた。対照的にプーチン氏は一度も北方領土に足を踏み入れていない。ただ最近は、訪問に意欲を示している。

12年に大統領を退いてからのメドベージェフ氏は、すっかり影の薄い存在となっていた。ロシアで注目されたのは、ソチ冬季五輪の開会式やプーチン氏の年次教書演説といった重要な場面でだらしなく居眠りしている姿がテレビに映ったとき。

もう一つ忘れられないのは、16年5月にクリミアを訪問した際の発言だ。住民から年金が足りなくて生活できないと訴えられたときに言い放った「金は無い。でもあなたは頑張って」という言葉は、ネットで大流行した。

国民から軽視されていたメドベージェフ氏は20年1月、首相の座から降ろされて、安全保障会議副議長となった。プーチン氏がメドベージェフ氏のために新設したあがりポストだ。

そんなメドベージェフ氏は、22年2月のウクライナ全面侵攻開始後は、プーチン氏ですら発言しないような過激な言葉の数々で注目を集めるようになる。ウクライナでの核兵器の使用すら公言する始末だ。

その発言をいくつか紹介しよう。

「2年後にウクライナが世界地図上に存在しているなどと、誰が言ったのか?」(22年6月)

「(ウクライナがクリミアを攻撃する可能性について)そのようなことが起きれば、彼らすべてに終末の日が訪れる」(22年7月)

「ロシアは、必要があれば核兵器を使う権利がある。これは決して脅しではない」(22年9月)

「正直に言って、一般的にウクライナはロシアの一部だ」(23年3月)

かつて米国から好感されたリベラルなイメージを払拭して、もう一度ロシアの有力政治家として表舞台に立つことを夢見ているのだろうか。注目を集めようと必死なその姿には、不快感を覚えると同時に、一抹の哀れみを禁じ得ない。

テロの悪夢の再来

プーチン氏が5選を決めたロシア大統領選が終わって5日後の2024年3月22日、モスクワ郊外のコンサート会場を武装グループが襲撃し、140人以上が死亡した。ロシア国内で起きたテロとしては、過去20年で最悪の惨事だ。

事件現場となったのは、「クロークス・シティーホール（Крокус Сити Холл）」。クロークスはロシア語でクロッカスの花のことだ。なので、日本語ではクロッカス・シティーホールと表記することもある。標準的な座席配置で6200人の観客を収容できる大きなホールだ。「シティーホール」は英語では市役所を意味するが、ここは商業施設だ。

私自身は行ったことはないが、事件の一報を聞いたとき「聞き覚えがあるな」と感じた。それもそのはず。このホールは13年11月に、ミス・ユニバース世界大会の決勝会場となっていた。モスクワ開催を決めたのが当時の主催者で、3年後の米国大統領選で勝利することになるドナルド・トランプ氏だ。このとき、ロシアでのビジネス展開を狙っていたという。テロで血塗られる前のシティーホールで、トランプ氏が出場者と肩を並べて満面の笑みを浮かべている写真がたくさん残っている。

テロが起きたことを知って、思い出したのが、05年に私がモスクワに特派員として赴任したころのことだ。劇場を訪れる機会にはいつも、落ち着かない気分を味わった。テロリストが乱入してきたら、どこに身を隠すべきか。脱出ルートはあるか。携帯は圏内か——。座席に着くとまず、そんなことを確認するのが私の習慣になっていた。

この3年前の02年10月。ミュージカルが上演されているモスクワの劇場に武装集団が乱入し、立てこもった。3日後に治安当局が鎮圧のために特殊ガスを使い、観客約130人が死亡した。04年9月にはロシア南部の学校を武装集団が占拠。子供たちを含む約330人が亡くなった。

テロが相次いだあの暗い時代がまたやってくるのではないか。そんな思いが胸を塞ぐ。

犯行後まもなく、過激派組織「イスラム国」(IS)が系列のネットメディアに犯行声明を掲載した。翌日には実行犯が撮影したとされる動画も投稿された。隠れていた観客に発砲し、倒れた男性ののどに刃物を突き立てるといった残忍きわまりない様子が映っている。

ロシアの治安当局は実行犯4人を含む11人を拘束。実行犯はいずれも中央アジアのタジキスタン出身だとされている。

以上が、事件を巡る事実関係のあらましだ。

何の罪もない一般市民を標的にした卑劣な犯行があったことを疑う者はいない。ところがその背後関係をめぐって、ロシアとそれ以外の見解が鋭く対立している。犯人たちの背後にウクライナがいたという疑惑をロシアが主張しているのに対して、それに同調する国は、皆無と言ってよいだろう。

実際、ISによる犯行の可能性が極めて高いというのが、多くのイスラム過激派の専門家たちの一致した見解だ。

最大の理由は、前述の犯行声明だ。出されたタイミングや内容は、ISが深く犯行にかかわっていたことを示している。

ISはかねてロシアを激しく敵視しており、テロの標的としてきた。22年9月には、アフガニスタンの首都カブールにあるロシア大使館近くで自爆テロがあり、職員2人を含む6人が死亡。15年10月にはエジプト上空を飛行中のロシアの旅客機が爆発して墜落、乗客乗員224人が死亡した。いずれの事件でも、ISが犯行声明を出している。

24年3月の事件の直前にも、ロシアでは不穏な事件が相次いでいた。3月3日にはFSB（連邦保安庁）が、南部のイングーシ共和国でISの戦闘員6人を殺害したと発表。FSBは7日にも、モスクワのシナゴーグ（ユダヤ教の礼拝・集会堂）攻撃を計画していたIS

の戦闘員複数を殺害し、事件を未然に防いだ経緯を公表していた。

同じ7日、在ロシア米国大使館は、モスクワのコンサートを含む大規模な催しを標的にした過激派による計画があるとして、注意をよびかけた。

さらに10日には、イスラム教徒の信仰心が高まるラマダン（断食月）が始まった。この期間とその前後にテロの脅威が高まることは、治安関係者にとっては常識だ。日本外務省も3月初め、日本人向けに一般的な注意喚起を発表している。

明らかに、最大限の警戒態勢を取るべき状況だった。しかしロシアの治安当局はテロを防ぐことができなかった。そればかりか、治安部隊の到着が大きく遅れたことが被害の拡大につながった可能性も指摘された。大失態と言われてもしかたがない。

ここで問題となるのが、プーチン氏自身がテロの危険を軽視していた事実だ。事件3日前の3月19日に、FSB幹部らとの会合で語った内容を紹介しよう。

「最近、ロシアでのテロ攻撃の可能性について、多くの西側の政府機関が挑発的な声明を出している。これらはすべて、あからさまな脅迫であり、私たちの社会を揺さぶって不安定化させる試みを思わせる」

欧米からの警告を陰謀だと斬って捨て、相手にしない考えを示したのだ。

プーチン氏の欧米不信は以前からのことだが、特にこの2年前にウクライナ侵略を開始して以降、欧米発の情報はすべてロシアを敗北に導くための謀略としてしか見られない心理に陥っていたのではないか。

事件後、プーチン氏が初めて国民向けの動画で見解を示したのは、発生から19時間後のことだ。ＩＳの犯行声明には触れずに、４人の容疑者について、以下のように語った。
「彼らは逃げてウクライナに向かおうとしていた。現時点での情報では、ウクライナ側は、彼らが国境を越えるための『窓』を用意していた」

プーチン氏がイスラム過激派による犯行だと認めたのは、事件から３日後の25日のことだった。それでもプーチン氏はＩＳの犯行とは認めず、ウクライナ関与説を繰り返した。
「我々が関心を抱くのは、誰が犯行を指示したかだ」
「これは誰の利益になるだろうか？　この残虐な行為は、ウクライナのネオナチ政権の手を利用して14年から我々と戦っている者による一連の試みのひとつではないか」

欧米がウクライナを利用してロシアを攻撃しており、ロシアは国を守るためにやむを得ず対抗しているというのは、ウクライナ侵略を正当化するためにプーチン氏が繰り出している理屈そのものだ。

プーチン氏の主張は、ロシアにとって真の脅威を見誤った失態から国民の目をそらすだけでなく、それを逆手にとって戦争遂行を正当化するために利用しようとしているとしか思えない。

実行犯の出身国とされるタジキスタンは、かつてソ連を構成していた中央アジアの国だ。アフガニスタン、中国、キルギス、ウズベキスタンに囲まれた内陸国。非常に貧しい国で、ロシアに多くの出稼ぎ労働者を送り出している。

私がモスクワに駐在していた15年5月に、タジキスタンへのＩＳの浸透ぶりを示す事件が起きた。タジキスタン内務省所属の治安部隊のハリモフ司令官が、いつのまにかシリアに渡航してＩＳに加わっていたことが発覚したのだ。

ハリモフ氏は、このときネット上に公開された動画で、自動小銃を手に「タジキスタンではイスラム教徒の人権が侵害されている」「タジキスタンのためには死ねないが、ＩＳのためなら死ねる」と語った。タジキスタンの同胞10人が行動を共にしていることも明らかにした。

オモン（ロシア語ではOMOH）と呼ばれるタジキスタンの治安部隊は、国内のテロや反政権デモなどを取り締まる役割を担っている。その制服組のトップが、本来取り締まるべき相手であるＩＳに入ってしまった事実は、当時タジキスタンに大きな衝撃を与えた。

もともとイスラム教徒が多かった中央アジアやロシア南部では、宗教全般を弾圧していたソ連の崩壊後、イスラム復興の動きが盛んになった（ソ連ではロシア正教は例外的に、ある程度の活動が容認されていた)。その潮流の中で、国外から過激な思想を持ち込む者や、それに感化される者も多く出た。貧困、失業、差別といった社会問題が、そうした傾向に拍車をかけた。中央アジアの国々にとって、イスラム過激思想の広がりは、長く頭痛の種となってきた。

ただし、24年3月の事件で実行犯として身柄を拘束された4人は、9年前にISに加わった人たちよりは若い世代だ。彼らが本当に犯人なら、どういう経緯でISに引き寄せられ、テロに手を染めるに至ったのかが、事件解明の大きな焦点になる。

プーチン氏は、事件後相次いで関係国の首脳と緊急の電話会談を行った。タジキスタンのほか、同じく中央アジアのウズベキスタン、カザフスタン。そしてISが拠点としていたシリアや、シリアに隣接し、IS問題に独自のアプローチをとってきたトルコといった国々だ。この顔ぶれからは、プーチン氏が実際にはISの脅威に対応する必要性を感じていたことがうかがえる。

そもそもウクライナは、ISなどイスラム系の過激派から見ればロシアと同じ異教徒の国であり、敵視すべき相手だ。さらにガザ危機では、いち早くイスラエル支持を強く打ち出した。そんなウクライナから指示されてイスラム過激派が行動するという構図自体、無理がある。

アフガニスタンやチェチェンを舞台に、長期にわたって戦闘や政治工作の経験を積んできたロシアには、欧米も及ばないようなイスラム過激派の動向についての深く広い知見がある。今回のテロの真の構図を理解していないはずはないだろう。

それでも、その後のロシアでは、何の根拠も示さないまま、ウクライナが黒幕だというプーチン氏の主張に沿った発言や報道が繰り返された。

プーチン氏の側近で、国家安全保障会議の書記を務めていたパトルシェフ氏は、ISとウクライナのどちらがテロに責任があるのかを問われて「もちろんウクライナだ」と即答した。

国内の治安対策に責任を負うボルトニコフFSB長官は、事件の背後に米英やウクライナがいたのかと問われて「我々はそう考えている」と語った。

政権の意向を過激な言葉を使って代弁することで知られるロシア外務省のザハロワ報道官は、ロシアの新聞への寄稿で、IS犯行説が米国によるでっちあげだと主張。「ホワイトハウスに質問する。本当にISなのか。考え直しませんか?」と挑発した。

ロシアで影響力がある第1チャンネルなど政府系テレビのニュース番組は、私が見ている範囲では、そもそもISが犯行声明を出したことを報じなかった。ISが犯行に関与した可能性さえ触れていない。ISが犯行声明を出しているテロの標的となったにもかかわらずISを批判しない国というのは前代未聞ではないか。

このテロにロシアの人々は強い衝撃を受け、深い悲しみと怒りに包まれた。現場には、花を供えて犠牲者を悼む人々が列を作った。そうした感情を、ウクライナの人々への敵意に転化しようとするプーチン氏の言説は、極めて卑劣な世論誘導だ。

ロシア国防省は4月3日、事件後の10日間に、ウクライナでの軍事作戦に参加するために1万6000人が志願兵としての契約を結び、そのほとんどがモスクワ郊外で起きたテロの「あだ討ち」を志願動機に挙げたと発表した。

これがどこまで事実を反映しているかは不明だ。はっきりしているのは、プーチン政権がウクライナへの敵意をあおり、それを戦争継続の原動力にしようとしていることだ。

ロシア国内で、こうしたプロパガンダが大きな影響力を発揮したことを示した世論調査結果がある。レバダセンターが事件からほぼ1カ月後に行った調査だ。

「クロークス・シティーホールで起きたテロの背後に誰がいたと思うか」という質問に対する答えは以下のようなものだった（複数の回答を選べる設問なので、合計は100%を超えている）。

ウクライナの特殊機関：50%

西側の特殊機関‥‥‥37%
イスラム過激派‥‥‥11%
ロシアの特殊機関‥‥4%
その他‥‥‥‥‥‥‥1%
回答困難‥‥‥‥‥‥20%

非常に多くの人々が、政権や政府系テレビが伝える事件の構図を受け入れている（あるいは少なくとも、世論調査に対しては受け入れている姿勢を示している）ことがうかがえる。

当然こうした傾向は、テロ事件だけに限られるものではない。ウクライナへの軍事侵攻についても、西側とそれに操られたウクライナからの攻撃に対する自衛の戦いだという政府の説明を信じている人が多いのが実情だ。

ウクライナの人々を殺戮《さつりく》するだけでなく、自国民まで欺いて、双方に互いへの敵意を植え付ける状況は、ロシアの侵略戦争の名状しがたい愚かさを浮き彫りにしている。

第2章

プーチンが見ている世界

プーチンはDV男？

「君は僕と一緒にいるから、世間から一人前に扱ってもらえるんだよ」

「殴りたくて殴っているわけじゃない。君を正しい道に戻すためなんだ」

典型的なDV男の言い分だが、プーチン大統領はウクライナについて、似たような主張を繰り返してきた。

開戦前年の2021年7月に発表した論文ではこう述べている。

「ウクライナの真の主権は、ロシアとパートナーシップがあるからこそ存在できる」

開戦後の22年4月27日に国会議員らを前に行った演説では、ソ連崩壊に伴うウクライナ独立について「今後も友好的な国だという前提で受け入れた」と主張し、「歴史的なロシアの領土に『反ロ』が創設されることなど誰も予期しなかったし、そんなことを我々は容認できない」と述べた。

要は、ロシアの言うことを聞かなければウクライナは独立国家として認めない、ということだ。『ドラえもん』のジャイアンの有名なセリフになぞらえれば「ウクライナのくせに生意気だ」といったところだろうか。

ウクライナが目標に掲げる北大西洋条約機構（NATO）加盟については、全面侵攻開始を前にこう言っていた。

「明日の加盟はないというが、準備ができたらするということだろうか。そうなってからでは手遅れだ」

開戦後には「ロシアは隣国に対していかなる悪意も持っていない」と平然と言い放った。正義の実現のためにウクライナを攻撃しているというのが、プーチン氏の一貫した主張なのだ。

DV（ドメスティック・バイオレンス）の比喩を続けるなら、問題の本質は、まさにプーチン氏がウクライナ問題を「ドメスティック・マター（国内問題）」として考えているところにある。

ロシア国営通信社は開戦直後の22年2月26日、対ウクライナ戦での勝利に備えて用意していた「予定稿」を誤ってウェブサイトに掲載してしまった。すぐに削除されてしまった記事によると、プーチン政権が、以下のようなシナリオを描いていたことが浮かぶ。

ロシアから離れようとしていたウクライナを取り戻し、ベラルーシも含めた3カ国で構成する「ルースキー・ミール（ロシア世界）」を復興させ、プーチン氏が救世主として君臨する。

実際プーチン氏は22年4月12日に、ベラルーシのルカシェンコ大統領と会談した際の記者会見で、「我々は、どこまでがベラルーシでどこがロシアかということは気にしていない」「ロシア、ベラルーシ、ウクライナは三位一体だ」と述べた。ベラルーシとウクライナはロシアにとって国内同然だという考えだ。

プーチン氏が抱く思想については、米国屈指のロシア専門家で、クリントン政権で国務副長官を務めたストローブ・タルボット氏が、ロシアがクリミア半島を占領した14年に、以下のように説明している。

「自分（プーチン氏）はロシアの子供たちを守る母なるロシアに仕える役目を負っており、国境の外側にいる子供たちも、守らなければならない」

だがウクライナの多くの人々から見れば「勝手に子供扱いしないでくれ」「あなたを親と思ったことはない」ということになるだろう。

特にクリミア占領以降は、ウクライナでの反プーチン政権感情は引き返せないところまで強まっている。ウクライナのロシア離れは、プーチン氏による自業自得と言えよう。

ロシア、ウクライナ、ベラルーシという東スラブ3カ国は同根の民族であり、離ればなれなのは不自然な状態だという感覚自体は、ロシアでも多くの人々に共有されている。「兄弟国」という表現もしばしば使われる。

だが、全面的な戦争に訴える22年以降のプーチン氏のやり方は常軌を逸している。

ロシアがスラブ世界の盟主だというプーチン氏の世界観の源流は、帝政ロシア時代にさかのぼることができる。一方で、近隣国を勢力圏に置くためには武力行使をためらわないという手法は、ソ連を思わせるものだ。

プーチン氏はかつて、正反対の考えを述べたことがある。それは00年、プーチン氏が大統領に就任する直前に行われたインタビューだ。

1956年にハンガリーの民主化運動にソ連軍が介入して鎮圧した「ハンガリー動乱」や68年に当時のチェコスロバキアで進められた改革運動「プラハの春」をソ連軍がつぶした歴史についてインタビュアーに問われたプーチン氏は、以下のように答えていた。

「私が見るところ、これらは大きな過ちだった。私たちが今、東欧でロシアへの憎悪に直面しているのは、こうした過ちの結果なのだ」

まったく、今のプーチン氏に読んで聞かせたくなるセリフである。

もちろん、このインタビューは、プーチン氏にとって初めてとなる大統領選に向けたキャンペーンの一環だったという背景は押さえておく必要がある。

とはいえ、外国への武力による介入が憎悪しか引き起こさないことを十分理解していたことを、プーチン氏の発言は物語っている。

プーチン氏は子供のころからスパイにあこがれ、大学卒業後は旧ソ連国家保安委員会（KGB）でキャリアを積んだ。東ドイツで勤務中もNATOを「主たる敵」と位置づけ、動向に神経をとがらせた。

その後、ベルリンの壁崩壊後の混乱の中でロシアに帰国したプーチン氏は、サンクトペテルブルクの改革派副市長へと変身し、欧米企業の誘致に奔走した。

だが今のプーチン氏からは、こうした開明的な側面は感じられない。KGB時代そのままの欧米への敵意に加えて、硬直した世界観に取り憑かれて「ロシア世界の復興」を自らの歴史的使命と思い込んでいるようなのだ。

プーチン氏の「変質」を強く感じさせるのは、今回の戦争の始め方だ。

2008年のジョージア戦争や14年のクリミア占領の場合、きっかけはそれぞれジョージア側からの攻撃と、ウクライナ国内の政治的な混乱だった。ロシア側は、そうした機会につけ込んで、軍を相手領内に送り込んだのだった。

ところが22年は、20万近い軍をウクライナ国境に集めた上で、正面から全面的な攻撃に踏み切った。これは、なじみのあるプーチン氏の手法ではない。人格の変化、それも「焦り」や「短慮」という言葉で表されるような、悪い方向への変化が起きているのではないかという疑念が深まる。

プーチン氏が忌み嫌う「反ロ的なウクライナ」。ここでの「反ロ」は、NATOへの加盟などの軍事的な意味合いだけを指す言葉ではない。

22年5月9日の戦勝記念日に行った演説で、プーチン氏はソ連崩壊後に「自分は特別だ」と考える米国に多くの国が服従したと指摘した上で、こう主張した。

「我々は異なる。ロシアには異なる性質がある。我々が祖国愛や信仰、伝統的な価値観、先祖代々の習慣、全ての民族と文化への敬意を捨てることは決してない」

米国による価値観の押しつけに屈することを道徳的な退廃と位置づけ、それに抗する崇高な戦いの中に、ウクライナへの侵攻を位置づけたのだ。

プーチン氏はここで「全ての民族への敬意」を強調している。これは、ウクライナの尊厳を踏みにじる今回の戦争と矛盾しないのだろうか。

実は、プーチン氏の頭の中では、話はまったく逆なのだ。ウクライナはロシアと一体不可分の民族だ。ロシアから離れようとするウクライナ人こそが、米国に魂を売った裏切り者だ——。これが、プーチン氏の理屈だ。

こうして、プーチン氏の中では、ウクライナでの戦争は、米国の一極支配への抵抗というより大きな戦いの一つの局面として理解されている。

米国の価値観が及ばないロシア中心の世界を築く。ウクライナはそのために不可欠な領域だ。そう考えるプーチン氏の戦いの終わりは見えない。

開戦の第3の理由

2023年6月14～17日、プーチン大統領の故郷、ロシア第2の都市サンクトペテルブルクで国際経済フォーラムが開かれた。ところが20年以上のフォーラムの歴史で初めて、私を含む「非友好国」のメディアの記者による取材が認められなかった。

記者登録を申請していた私のもとに、日本時間の5月31日に、主催者から登録を完了したという連絡があった。ところが6月2日になって突然、なんの説明もなく「あなたの申請は却下されました」という追加のお知らせが届いた。

最初は、私個人に対してロシアの制裁が発動されたのかと考えた。様々なメディアでウクライナ侵略を批判したり、ロシアで拘束された記者の解放を求めるラブロフ外相宛ての公開書簡に署名したりしたことを理由に、ブラックリストに載ってしまったのかと思ったのだ。

しかし実際には、私だけでなく、すべての「非友好国」メディアが締め出されていたのだった。

ロシアが言う「非友好国」とは、ウクライナ侵攻を理由にロシアに制裁を科した国や地

2019年6月にサンクトペテルブルクで開かれた国際経済フォーラムに出席し、全体会合で言葉を交わすプーチン大統領（右）と習近平中国国家主席＝駒木明義撮影

域のことだ。米国と欧州連合（EU）加盟国のほか、日本、韓国、台湾、シンガポール、英国、カナダ、オーストラリアなどが含まれる。

サンクトペテルブルクの経済フォーラムは、1997年から開催されているロシア最大の国際フォーラムだ。2006年からはサンクトペテルブルク出身のプーチン大統領の肝いりで、外国の首脳や国連事務総長らを招く大規模なイベントに衣替えした。ロシア版ダボス会議とも呼ばれており、18年には、当時の安倍晋三首相も参加した。

プーチン大統領だけでなくロシア政府や企業の幹部が多く参加するこのフォーラムは、ロシアのエリート層の動向を直接取材する貴重な機会だ。私もモスクワ駐在時には毎年取材していた。

印象に残る場面を一つ挙げよう。16年のフォーラムでは、英国のEU離脱について、ロシアの経済官庁や中央銀行の幹部が口をそろえて「EUとの経済関係が死活的に重要なロシアにとっては望ましくない」と明言したのだ。

当時、欧米メディアでは、ロシアはEUの分裂や弱体化を望んでいるという見方が盛んに報じられていた。実際、情報機関や軍を中心とする安全保障サークルを中心に、ロシア国内にそうした考えがあったことは事実だ。英国の国民投票で離脱賛成派を勝たせようとするロシアによる介入や干渉の疑惑もささやかれた。

しかし、ロシアのエリート層は必ずしも「EU憎し」で一枚岩となっているわけではないという実態を、フォーラム取材で知ることができた。

かつてのプーチン氏は、欧米を敵視して弱体化させることがロシアの国益だと考える情報機関や軍部と、欧米との関係を安定させることがロシアの繁栄のために重要だと考える経済エリートのバランスをとった政権運営をしてきた。しかし、ウクライナへの全面侵攻に踏み切って以降、プーチン氏は、完全に後者を切り捨ててしまったようだ。

プーチン氏は、全面侵攻の大きな理由として、米国主導の軍事同盟であるNATOが、冷戦終結後も加盟国を拡大し、ロシアの安全が脅かされているということを挙げている。

しかし、それだけではない。前項で指摘したように、隠された2番目がある。それは、ウクライナをロシアの一部だと考えて、ロシアから離れて主権を主張することは認められないという、プーチン氏独自の（とはいえ、ロシアでは多くの人々に共有されている）世界観だ。

それに加えて、プーチン氏の侵略には第3の理由があることが、開戦後にはっきりしてきたように思う。それは、欧米のリベラルな価値観を退廃として敵視し、今回のウクライナ侵略を「伝統的な価値観を守るための正義の戦い」と位置づける考えだ。

この点に関連して、22年2月24日の開戦演説で、プーチン氏は以下のように米国を批判した。

「私たちの伝統的な価値観を破壊しようとする試み、私たちロシア国民を内側からむしばむ偽りの価値観や彼らが自分側の国々に乱暴に植え付けてきた志向を、私たちにも押しつけようとする試みが続いていた。それは、人間の本性そのものに反するゆえ、退廃と退化に直接つながる」

プーチン氏はこのときすでに、米国の「偽りの価値観」と自分たちの「伝統的な価値観」を巡る戦いという側面があることを意識していたのだ。

さらに異様に感じられたのは、同年9月30日、ウクライナの東部と南部の4州を一方的にロシア領に編入することを宣言した際の演説だった。

「(西側のエリートによる)人間性の全否定、信仰と伝統的価値の破壊、自由の抑圧は、明白な悪魔崇拝の特徴を帯びている」

「悪魔崇拝(ロシア語でсатанизм サタニズム)」という言葉は尋常ではない。どこか神がかりのような印象さえ受ける。実際、プーチン氏は、自分を正義の守護神であるかのように信じている節がある。

プーチン氏が言う「伝統的価値の破壊」とは具体的に何を意味するのだろうか。プーチン氏は同じ9月30日の演説の中で、これについてもはっきりと述べている。

「パパ、ママの代わりに『親1号』『2号』『3号』と呼びたいのか。完全におかしくなってしまったのか? 学校で子供たちに劣化や絶滅につながる性倒錯を押しつけることを望むのか? 女性と男性以外の性があるかのように教え、性転換させたいのか?」

とても4州の併合宣言とは思えない言葉の数々だ。プーチン氏は、多様な性的指向や性自認を「悪魔崇拝」になぞらえる、極端な宗教保守を思わせる信念に頭を占領されているようなのだ。

2023年2月の年次教書演説でもプーチン氏は、欧米では「聖職者たちが同性婚を祝福することを強要されている」と批判した。

かつてのプーチン氏は、こうではなかった。00年の大統領選前のインタビューでは「私たちは西欧文化の一部だ。そこに私たちの価値観がある」と語っていた。12年の大統領就任式では「信頼され、開かれ、誠実で、予見可能なパートナーとして世界で尊敬されるロシア」の建設を約束した。

今のプーチン氏を思わせる価値観がはっきりと表れているのは、20年に改正されたロシア憲法だ。

このときの改憲では、これまでの大統領任期をいったんリセットして、プーチン氏が36年まで続投できるようにした。また、国際裁判所などの決定に従う必要はないとの規定を設けたことは、大規模な侵攻の前触れとなった。

しかし、それだけではない。歴史観、家族観、倫理観について、多くの復古的な内容を含む条項が新設された。主なものを以下に示そう。

「ロシアは千年の歴史によって統一されており、理想と神への信仰を我々に継承させた祖先の記憶を保持する」（第67.1条の2）

「ロシアは祖国防衛者の記憶を尊重し、歴史の真実の保護を保証する。祖国防衛における国民の功績を軽視することは認められない」（第67.1条の3）

「国家は児童の愛国心、公民意識、年長者への敬意を育成するための条件を整備する」（第

67.1条の4）

「ロシアは国外に住む同胞が（中略）ロシアに普遍的な文化的アイデンティティーを維持することを支援する」（第69条の3）

「家族、母性、父性、および子どもらしさを保護する。男性と女性の結合としての婚姻制度を保護する」（第72条の1）

特に家族についての条項は日本での近年の議論とは正反対の方向への変更だ。宗教保守や旧統一教会の主張を思わせる。

プーチン氏の変化がいつ、どのように起きたのかを知ることはもちろん大切だ。しかし、指導者の変化が国の命運をそのまま左右してしまう独裁的な政治体制がなぜできてしまったのか、その理由を考えることも、それに劣らず重要だろう。

進む国家による歴史と記憶の独占

ロシア教育省が2023年8月7日に、新しい歴史教科書を発表した。この教科書は前年に始まったウクライナ全面侵攻について、プーチン大統領が「特別軍事作戦」を始めなければ人類の文明は終わっていたかも知れない、と教えている。

こうした記述は、22年に始まった戦争を欧米の堕落した価値観からロシアを守るための戦いだと位置づける、プーチン氏の信念を反映している。

この教科書は、ロシアで新学期が始まる23年9月に間に合うように作成された。

実はプーチン氏は以前から、ロシアの歴史教科書のあり方についてしばしば不満を表明していた。13年には歴史教科書について「ロシアの過去のすべてのページ」に対する敬意を育むものである必要があると主張して、国家の統一基準に基づく愛国的な歴史教科書作りの音頭を取った。今回発表された新しい歴史教科書は、こうした動きの延長線上にある。

歴史教科書だけではない。クラフツォフ教育相は23年8月16日、「25年末までに、全教科について政府による統一の教科書が作成される」と述べた。これから5年間をかけて、新しい教科書に完全に移行する計画だというのだ。

現在のロシアは、国からの「推薦」または「承認」を受けた教科書を使うという制度を採用している。現行の日本の教科書検定に近い。しかし、教育相の発言を額面通りに受け止めるなら、事実上、戦前の日本のような国定教科書制度に切り替わることになるのかもしれない。

新しい歴史教科書のニュースに接して私が思い出したのは、モスクワ特派員としてロシアの教科書問題を取材したときのことだ。正確に言えば、私が取材対象としたのは教科書そのものではなく、07年に発行された教師向けの解説書『ロシア現代史　1945―20

06』だった。

大統領府の肝いりで作られたこの解説書は、スターリン体制を含むソ連を正当化する記述や、プーチン政権を礼賛する内容で、当時おおいに物議を醸した。

しかし、私の記憶に強く残っているのは解説書の内容よりもむしろ、その筆者へのインタビューだ。解説書で00年以降の部分、つまりプーチン政権誕生後について執筆したパーベル・ダニーリン氏は、取材に訪れた私に会うなり、以下のようにまくし立てた。

「教科書は、様々な局面で戦われているイデオロギー戦争の一つの武器だ」

「ロシアは歴史上、一度たりとも他の民族を虐殺したことなどない」

「ウクライナやグルジア（ジョージア）のできごとは、ロシアにとっては国内問題だ」

「核兵器を持っていない国は真の主権を持ち得ない。全ての国が核武装する世界が望ましい」

聞きながら、頭がクラクラしたことを覚えている。

プーチン氏がウクライナ侵攻を始めた今となっては、これらの主張はそれほど目新しく感じられないかもしれない。しかし取材した当時は、14年のクリミア占領はもちろん、08年のジョージア戦争も起きる前のことだった。

「教科書はイデオロギー戦争の武器だ」と言い放ったダニーリン氏は、そもそも歴史の専門家ではない。政権に近いシンクタンクの研究員や、若者を動員する愛国団体の顧問などとして活動していた。学者というよりは、ロシアでいう「政治技術者（Политтехнолог、ポリトテフノログ）」に分類される人物と言ってよい。

専門家でもない人物が、教員に対して歴史教育はかくあるべきだと指示をする。これは、プーチン政権の意向がなければ起きないことだった。

15年以上前の思い出は、今進んでいる教科書国定化や政権礼賛教育を先取りしていたように感じられる。

専門家とは言えない人物が歴史の解釈や教育を牛耳る構図も、今と似通っている。現在、私がインタビューしたダニーリン氏のような役割を担っているのが、新しい歴史教科書の筆者の1人として名を連ねているウラジーミル・メジンスキー氏だ。

メジンスキー氏は、ダニーリン氏とは比べものにならない大物だ。12〜20年にかけて文化相を務め、その後はプーチン氏の補佐官となった。

1970年、ソ連時代のウクライナ共和国生まれ。2022年4月まで、ウクライナ側との停戦協議でロシア側代表を務めた。

しかし、そんなメジンスキー氏は、大臣就任時からその資質に対して疑問が投げかけられていた。歴史に関する著作こそ多いものの、学問的な裏付けにとぼしく、ロシアを必要以上に美化しているとの批判をうけていたのだ。

11年に歴史学博士号を得ているが、論文の盗用などの疑惑がもちあがり、有識者らから、博士号の剝奪《はくだつ》を求める運動が起きた。

メジンスキー氏自身、著書の中で、以下のようなことを書いている。

「事実それ自体は、大きな意味を持たない」

「すべては事実ではなく、解釈から始まる。祖国や国民を愛するのなら、書かれる歴史はおのずと肯定的なものになるだろう」

日本でも、事実を軽視して日本を美化することに主眼を置いた歴史の本は数多く出版され、人気を博している。ロシアで今起きていることを見ていると、そうした本の筆者が文科相となり、首相の後押しで教科書まで執筆するような情景が目に浮かぶ。

一方でロシアには、自国の歴史の負の部分を地道に記録する取り組みを続けてきた団体もある。22年のノーベル平和賞を受賞した「メモリアル」が代表的だ。

ソ連末期からスターリンによる粛清の犠牲者の記録や名誉回復に取り組み、ソ連崩壊後のロシアでも人権弾圧と戦い、国際的な尊敬を集めていた。

しかしプーチン政権はメモリアルを欧米のスパイを意味する「外国の代理人」に指定。21年12月には最高裁が解散を命じた。

誤解を招かないように付言しておくと、プーチン氏はスターリンの全てを肯定しているわけではない。スターリン時代の弾圧や粛清については、否定的な見解を繰り返し示している。

問題はプーチン氏が、自国の歴史を、愛国心を向上させて国民を団結させるための道具だと考えている点にある。その目的のためには、歴史の解釈や教育は専門家に委ねずに、国が統制しなければならないということなのだ。

ある人権活動家は、ロシアでは「国家による記憶の独占が進んでいる」と指摘する。国が歴史や記憶を管理するという考え方は、20年に改正されたロシア憲法に新たに盛り込まれた「歴史の真実の保護」を国家の責務とする条項に、象徴的に表れている。

子供の連れ去りでプーチンに逮捕状

2023年3月17日、大きなニュースが飛び込んできた。戦争犯罪や人道に対する罪などの重大犯罪に問われる個人を裁く役割を担っている国際刑事裁判所（ICC）が、プーチン大統領に逮捕状を出したことを発表したのだ。ロシアが侵略しているウクライナから、子供たちを不法に移送したという容疑だ。

国連安保理常任理事国で、世界秩序の保証人として核保有を認められている国の大統領が戦争犯罪の容疑者になったというのは、まさに歴史的な異常事態だ。

ロシアはＩＣＣに加盟しておらず、実際にはプーチン大統領が身柄を拘束される可能性はほとんどない。しかし以前のように自由に外遊することは難しくなるだろう。

ＩＣＣの決定を尊重することを約束している加盟国の中には、かつてソ連の構成国だった中央アジアのタジキスタンや、ＢＲＩＣＳを通じてロシアと協力関係にある南アフリカやブラジルが含まれる。実際、23年8月に南アフリカで開かれたＢＲＩＣＳの首脳会議をプーチン氏は欠席し、オンラインで参加した。

ＩＣＣの決定は画期的だが、副作用も否定できない。

それは、プーチン氏が引退するというシナリオがほぼ閉ざされたということだ。大統領を辞めれば、実際に逮捕される可能性が飛躍的に高まる。仮に次の政権がプーチン氏の安全を守ると約束したとしても、それがあてにならないことはプーチン氏自身が誰よりもよく知っている。

プーチン氏が今後、死ぬまで大統領の座にしがみつこうとすることは、ほぼ間違いない。

ここで、容疑となったウクライナからの子供の連れ去りについておさらいしておこう。

この問題は23年2月に米国の報告書が発表されたことで、日本でも注目を集めた。

しかし、ロシアが占領地から子供たちを強制的に連れ去っている事実は、開戦後間もない時点から、繰り返し報じられていた。ウクライナ側はその人数が少なくとも1万6000人にのぼると主張している。

ロシアによる戦争犯罪というと、まずは一般住民の殺害や拷問、あるいは発電施設など民生インフラに対する攻撃などが思い浮かぶ。しかし、子供の連れ去りも極めて重大な戦争犯罪だ。それだけでなく、プーチン氏が始めた今回の戦争の本質と深く関わっている。

ロシアによって連れ去られた子供たちは、ロシア人と養子縁組してロシア国籍を付与されたり、ロシアで「愛国教育」を受けさせられたりしている。つまり、ウクライナの子供をロシア人に造り替えるという意図が、連れ去りの背景にあるのだ。

プーチン氏はかねて、ロシア人とウクライナ人は、本来同じ民族だと主張し、ロシアから離れて欧米に近づこうとするウクライナ人のことを「ネオナチ」と呼んできた。

プーチン氏は22年2月の開戦時、ウクライナに侵入したロシア軍が「ネオナチ」ではない一般のウクライナ人からは歓迎されると思い込んでいた節がある。

ところが実際には歓迎どころか、ウクライナからの頑強な抵抗に直面した。22年末にプーチン氏は、ウクライナ人は西側から「洗脳」されていると嘆いた。

組織的な子供連れ去りの狙いは、まだ柔軟な子供たちの「洗脳」を解き、模範的なロシア人として育てることにあるようなのだ。実際には、これこそがロシアによるおぞましい

「洗脳」にほかならない。

民族としてのウクライナ人の存在を認めない姿勢と、子供たちを対象にしたロシア人化は、「民族浄化」という言葉を思い出させる。

実際、子供の連れ去りは、その意図によってはジェノサイド（集団殺害）と認定されることもある重大犯罪だ。1951年に発効したジェノサイド条約は、第2条で「民族的または宗教的集団を全部または一部破壊する」ことを目的として「集団の児童を他の集団に強制的に移すこと」がジェノサイドに該当すると明記している。ロシアがやっていることは、この条項に抵触する可能性がおおいにあるだろう。

念のために付言すれば、2023年3月のICCによるプーチン大統領に対する逮捕状の容疑は、ジェノサイドではなく、「住民の不法移送」という戦争犯罪だ。ただ、ジェノサイドに通じる問題の重大性が、国家元首への逮捕状発行という重い判断に影響した面はあるだろう。

ウクライナ人という存在を認めず、ロシア人に同化させようというプーチン氏の意図が、ウクライナの人たちをどれだけ怒らせ、ロシアへの憎しみを心に刻んでいることか。

22年に始まった戦争が、ウクライナ人の心に秘められていた民族意識を呼び起こしたことは間違いない。その意味では、プーチン氏が始めた戦争は、すでに失敗したと言える。

この先いくら占領地を増やしたとしても、ウクライナの人たちの心を屈服させることはできないだろう。

ICCによるプーチン氏の審理に関わった1人が、日本出身の赤根智子裁判官だ。ロシア側は報復措置として、主任検察官や赤根氏らを指名手配した。

その赤根氏は24年3月11日、ICCの所長に選任された。日本人がICCの所長を務めるのはこれが初めてだ。

赤根氏は『朝日新聞』のインタビューに対して、ロシアから指名手配を受けていることについて、以下のように語っている。

「不要不急の外出は避けるようになりました。自分のためにというより、仮に私の身に何かあった場合、ICC全体に影響を与えかねないからです。他の職員に対する影響を考え、身を慎んでいます」

赤根氏の覚悟が伝わってくる重い言葉だ。

ウクライナ侵攻を批判する国や国際機関の信用を様々な手段で毀損することは、今のロシアの国策となっている。赤根氏を指名手配したことも、そうした取り組みの一環だ。

その結果、赤根氏は単にロシアに行けなくなっただけではない。非合法的な手段による攻撃の対象となる可能性も、決して無視できないレベルだと言えるだろう。

プーチン大統領は24年に、ベルリンで19年にチェチェン独立派の元司令官を暗殺したロシア人を「愛国的な理由から、ならず者を始末した人物」と呼び、愛国者として評価する姿勢を示した。こうした発言は、国家の情報機関による暗殺のような工作だけでなく、愛国者を自任する過激主義者の行動を誘発しかねない危険をはらんでいる。

私たちにできることは限られるが、関心を維持し、不法な攻撃は許さない考えを折に触れて発信していくことが大切だろう。

革命とレーニンを嫌うプーチン

2024年1月21日に、ウラジーミル・レーニンの死去から100年という節目を迎えた。1917年のロシア革命の指導者であり、ソ連型社会主義を創設した、世界史的人物だ。

生前の姿そのままに保存措置が施されたレーニンの遺体は、今もモスクワの赤の広場のレーニン廟に安置されており、多くの人が訪れている。

ただ、その位置づけは、ソ連時代とは様変わりした。

私が初めてレーニンの遺体と対面したのは、ソ連が崩壊する前の90年3月だった。ソ連時代のレーニン廟は、文字通りの聖地だった。

モスクワのレーニン廟に横たわるレーニンの遺体の写真。1998年3月1日の『朝日新聞』日曜版に掲載された。ソ連時代、撮影は絶対に許されなかったが、このときは複雑な手続きを踏んでやっと許可が出たという

廟の正面には、選び抜かれた兵士2人が立って護衛にあたっており、1時間ごとに厳かな交代式が行われた。この場所は、最重要の警護拠点として「第1歩哨所（Пост №1)」と名付けられていた。

5月1日のメーデーや11月7日のロシア革命記念日に赤の広場で行われるパレードの際には、レーニン廟の上にソ連の要人がずらりと並んだ。外国政府や専門家は、その順番を見て政権内部の権力構造を推し量ったものだ。

しかしソ連崩壊後、ロシア初代大統領のエリツィン氏は、脱社会主義化を進める。レーニン廟の第1歩哨所は93年に廃止。97年には、赤の広場に近いアレクサンドル庭園にある無名戦士の墓に、新しい第1歩哨

所が置かれた。今では衛兵の交代式も、こちらで行われている。

エリツィン氏は当時、レーニン廟を撤去して遺体を埋葬することも検討したのだが、国民の反対を懸念する意見が政権内に強く、実現できなかった。

レーニンの遺体を埋葬するかどうかを巡っては、今もロシアの世論は二分されている。最新の調査では埋葬すべきだという人の方が多いのだが、レーニンが神格化されていた時代の記憶を保持している人や、埋葬に反対しているロシア共産党の熱心な支持者もまだまだ多いのが実情だ。

では、エリツィン氏の後を継ぎ、20年以上にわたってロシアを率いるプーチン大統領はレーニンについてどう考えているのだろうか。

ソ連の復活を夢見ていると言われるプーチン氏は、ソ連の生みの親であるレーニンに敬意を抱いているだろうか。

実際は、まったく逆だ。プーチン氏は、レーニンに対して極めて否定的な評価を下している。

理由は主に2点ある。第1に、プーチン氏は今のウクライナを、レーニンが作り出した人工的な国家だと考えていること。第2に、レーニンが政権を奪取した革命という手法を、プーチン氏が忌み嫌っていることだ。

1点目は、ウクライナ侵略の背景として重要だ。

プーチン氏は2022年、ウクライナ全土に対する本格的な侵攻開始の3日前の2月21日に、ウクライナ東部のドネツク、ルハンシク両州の独立を一方的に承認した。この時の国民向けビデオ演説で、問題の根源がレーニンによって作られたという主張を繰り広げた。

「現代のウクライナはボリシェビキ、つまり共産主義のロシアによって作られたのだ」

「レーニンと彼の仲間たちは、ロシアに対して非常に乱暴なやり方でそれを実行した。ロシア固有の領土を引きはがしてしまったのだ」

レーニンはロシア帝国を解体して連邦国家のソ連に再編する際に、本来ならロシアの領土となるはずだったドネツクやルハンシクをウクライナに与えてしまった、という主張だ。

従って、ドネツクやルハンシクの独立を認め、さらにロシアの領土とすることは歴史的正義なのだ、というのがプーチン氏の理屈だ。

22年9月1日にプーチン氏は、新学年が始まる日に合わせて、子供たちを集めて特別授業を行った。

この日、ロシアでは新しいカリキュラム「大切なことを話そう（Разговоры о важном）」が始まった。

愛国心や歴史教育、道徳などが主要なテーマだ。愛国心を育むためとして、国旗掲揚と国歌斉唱も行われる。

20年の改正憲法に盛り込まれた「児童の愛国心や公共心の育成」といった項目が、ウクライナ侵攻を受けて、急ぎ足で教育現場に持ち込まれたのだ。

教育省が授業に向けて設けた特別サイトには、週ごとに授業のテーマが決められている。サイト開設当初の内容によると、9歳や10歳ごろの3、4年生は、「祖国のために死ぬことは怖くない」「祖国を愛することとは仕えることだ」といった、ロシアのことわざについて話し合う。16歳や17歳ごろの10、11年生では、ロシアでウクライナ侵攻を指す「特別軍事作戦」の目的について、「(ウクライナ東部)ドンバス地方の住民保護」であり、「欧米の軍事支援が戦闘を長引かせ、犠牲者を増やしている」と説明するよう教師に求めている。

この翌年には新しい歴史教科書が導入された。このことについては前述した。ロシアの教育現場は、急速に戦時体制に組み替えられている。

プーチン氏は、記念すべき「大切なことを話そう」第1回の授業を自ら行った。自らの肝いりの新カリキュラムの重要性を国内に周知徹底したかったのだろう。

プーチン氏はその中で、わざわざレーニンについて子供たちに説明した。

「1917年の革命後、ありとあらゆる疑似国家が創設され、ソ連創設に伴ってウクライナも作り出された。当時政権の座にあった共産党は、ドンバスを含むロシアの歴史的領土をウクライナに渡してしまった」

「当初はドンバスをロシア領にするという合意があったのだが、レーニンはそれを変更して、ウクライナに与えてしまった」

ここでドンバスとは、ウクライナ東部のドネツクとルハンシクのことだ。レーニンがこの地域をウクライナに加えた理由について、プーチン氏はこの授業とは別の機会に、農民が大多数を占めるウクライナで、共産党の支持基盤である労働者人口の割合を増やすためだったと説明している。

もちろん、こうした主張をいくら重ねても国際法違反の侵略を正当化することはできない。ウクライナの人々が歴史的に抱き、育んできた民族意識を完全に無視している点でも、大きな問題がある見解だ。

実はプーチン氏は2022年に全面侵攻を始める前から、ソ連を複数の国家内国家で構成する連邦国家にしたレーニンの決定自体が、1991年の崩壊につながったと主張し、批判してきた。

例えば2016年1月には、以下のように語っている。

「思想を練ることとは、それが正しい結果をもたらすのなら正しいが、レーニンは違った。その思想が結局のところ、ソ連の崩壊をもたらしたのだ」

「（レーニンが）ロシアという建物の下に原子爆弾をしかけ、それが後になって爆発した」

ロシアのメディアによると、プーチン氏はソ連が崩壊した１９９１年の時点で既に、それまで存在していなかった国家をレーニンがソ連の内部に作り出したことが崩壊という悲劇の原因になったと語っていたのだという。

次に、プーチン氏がレーニンを嫌う理由の2点目だ。プーチン氏は、ソ連時代にはレーニン最大の偉業とされていたロシア革命に極めて批判的なのだ。

ロシア革命１００周年に際して語った２０１７年10月の言葉を紹介しよう。

「革命は、明らかに改革が必要な時代遅れの状況をそのままにしておこうとする人々と、内紛や破壊的な対立を引き起こすのも構わず変化させようとする人々、双方の無責任の結果である」

プーチン氏は05年、ソ連時代には最も重要な祝日だった11月7日の革命記念日を廃止した。

前任のエリツィン氏は革命記念日を「和解と合意の日」に名前を変えたのだが、祝日としてはそのまま残していた。国民にすっかり定着していたからだ。ところがプーチン氏はそれも廃止し、11月7日をただの平日にしてしまった。

街頭に出る市民の抗議活動で政権が倒れる革命というシナリオ自体をプーチン氏は忌み

嫌い、そして恐れているのだ。

プーチン氏は、レーニンの死去100年にあたって、特に所感等は発表しなかった。ソ連最後の指導者となったゴルバチョフ氏が22年8月に亡くなった際もプーチン氏は冷淡で、葬儀を欠席した。

プーチン氏にとっては、ソ連崩壊の原因を作ったのがレーニンで、実際に崩壊させたのがゴルバチョフ氏だということなのだろう。

今のロシアで、革命記念日に代わる最重要の祝日は5月9日の対独戦勝記念日だ。赤の広場で軍事パレードが行われる際、かつては世界が注目したレーニン廟は巨大な仮設の舞台装置に囲われて、まるで存在していないかのように隠されてしまう。

レーニンを忌み嫌うプーチン氏が、崇拝してやまないロシアの指導者がいる。それは、プーチン氏の生まれ故郷のサンクトペテルブルクを建設し、ロシアで初めて皇帝（インペラートル、Император）を名乗ったピョートル大帝だ。サンクトペテルブルクという都市の名前自体、ピョートル大帝にちなんでいる。ソ連時代はレーニンにちなんでレニングラードと呼ばれていた。

プーチン氏がウクライナへの全面侵攻を開始した22年は、ピョートル大帝生誕350年にあたる。もちろん、この巡り合わせは偶然だろうが、プーチン氏は国民の祝日「ロシアの日」の6月12日の演説で、ピョートル大帝に言及したのだった。

もともと「ロシアの日」は、プーチン大統領にとって素直に祝う気持ちになれない祝日かもしれない。

祝日の由来は比較的最近で、1990年のことだ。この年の6月12日、当時ソ連を構成する共和国の一つだったロシアが、国家主権を宣言した。この宣言が、ソ連が崩壊に向かう大きなきっかけとなった。

宣言の背景となったのは、ソ連を率いるゴルバチョフ氏と、ロシア共和国を足場に台頭したエリツィン氏の権力闘争だ。だが地理的にも歴史的にも政治的にもソ連の心臓部を占めるロシアが分離独立志向を鮮明にしたことで、他の共和国にも同様の動きが雪崩のように広がった。ウクライナも同年7月に、主権宣言に踏み切った。

ソ連の崩壊を「悲劇」と呼び、ウクライナを再び支配下に置こうとするプーチン氏としては、とても賛美することができない歴史だろう。

プーチン氏は2022年のロシアの日に行った演説で、ロシアの日とは縁もゆかりもない、18世紀の皇帝の名前を引き合いに出した。

「ピョートル大帝と彼が進めた改革については、今も論争が続いている。しかし、彼の統治下でロシアが強力で偉大な、世界的大国の座を占めたことは認めざるを得ないだろう。

彼の強力な個性、決めたことをやり遂げる際に発揮した恐れを知らぬ姿勢と粘り強さに対して、我々は今も敬意を抱く」

ピョートル大帝をお手本に、ロシアを世界的な大国とする。そのためにも、ウクライナで始めた軍事作戦はどんな困難があっても最後まで貫徹するという、決意表明とも言えるような言葉だった。

プーチン氏にとっては、ソ連崩壊への号砲となったロシアの日の6月12日よりも、ピョートル大帝の誕生日である6月9日の方がよほど重要な日付なのだ。

プーチン氏は22年、まさにその6月9日にも、自らをピョートル大帝と露骨に重ね合わせて語った。プーチン氏は、若手の起業家や科学者との対話集会で、ピョートル大帝がスウェーデンと戦って領土を大きく広げた大北方戦争の歴史を取り上げた。

「彼がスウェーデンから何かを奪ったように見えるかもしれない。しかし、何も奪ってはいない。取り戻しただけなのだ！　彼がやったことは、取り戻したうえで、それをしっかり確保したということだ」

その上でプーチン氏は話を現代に引き戻した。

「どうやら我々も、取り戻して確保する巡り合わせにあるようだ。そうした基本的な価値観が我々の存在を支えていることを前提に進めば、直面する課題を必ず解決できるだろう」

自分はピョートル大帝と同じ歴史的使命を帯びている、というわけだ。これは、ウクライナで自らが進めている「特別軍事作戦」の真の目的が、領土拡張にあることを自白したにも等しい発言だった。版図を拡大し、占領地の「ロシア化」を進め、強大なロシアを復興させた指導者として歴史に名を残すことを、プーチン氏は目指している。

ロシアの日の演説を踏まえると、プーチン氏はウクライナでの戦いがいかに困難であっても「恐れを知らぬ姿勢と粘り強さ」で最後まで貫徹する覚悟なのだ。いつかロシアで「ウラジーミル大帝」と呼ばれるという夢想にとりつかれているのかもしれない。

プーチン氏は、若いころからピョートル大帝を崇拝していた。

サンクトペテルブルク副市長だった1990年半ば、自らの執務室にピョートル大帝の肖像を飾っていた。当時の多くの官僚がエリツィン大統領の写真を掲げる中、プーチン氏が選んだ肖像は、訪れた人たちに強い印象を残した。

ただ、ピョートル大帝の人物像は、複雑で多面的だ。

本格的な海軍を編成するなど軍事力を増強して領土を拡大しただけではない。欧州の科学技術や制度、風俗を大胆に取り入れて、ロシアを辺境の小国から欧州の大国に肩をならべる存在へと変貌させた。

ピョートル大帝は、ロシアの旧弊を憎んだ。当時多くの男性が長く伸ばしていたひげに税金をかけた逸話は有名だ。

自身の執務室にピョートル大帝の肖像を飾っていたというサンクトペテルブルク副市長時代のプーチン氏は、領土拡大などを夢見る立場になかった。むしろ、ピョートル大帝の開明的な側面に学ぼうとしていた。

ソ連崩壊後の混乱の中、西側企業の誘致に奔走したのは、ほかならぬプーチン氏だった。KGBで身につけたドイツ語も大いに役だったに違いない。

ところが今のプーチン氏は、こうした過去を忘れてしまったようだ。

ウクライナへの侵略の結果、欧米や日本から経済制裁を受けているだけでなく、多くの企業が雪崩を打ってロシアから撤退している。プーチン氏は、ピョートル大帝に倣って自ら開いた欧州や世界へとつながる窓を、再び閉じてしまったのだ。

今、プーチン氏が好んで口にするのは、欧州のリベラルな価値観への蔑視と、ロシア古来の精神的遺産を守るというアナクロなお題目ばかり。これは、ピョートル大帝の開明的な精神とは対極だ。ロシアは再び、欧州から見て東方の遅れた小国に落ちぶれかねないのが実態だ。

払拭されない影武者疑惑

プーチン大統領は自分にそっくりな影武者を使っているのではないか？　この説は世界的に大変人気のあるテーマで、ロシア内外のメディアで繰り返し取り上げられてきた。私自身はと言えば、以前は極めて懐疑的だった。

確かに、ソ連の指導者スターリンには影武者がいたことが知られている。地方視察や様々な会合への出席、ニュース映画への出演などで活躍したという。

しかし、動画が極めて高画質となり、精度の高い顔認証が可能な今の世の中で本人と見分けがつかないような影武者を用意するには、とんでもない手間と時間とお金がかかる。整形手術や特殊メイクの担当者など関係する人物が多すぎるため秘密を保つことは困難だ。しかし、あるできごとがきっかけで、今では影武者の存在を一概に否定はできないと考えるに至っている。

その理由を説明する前に、プーチン氏自身がこの疑惑について発言しているので、まずはそれから紹介しよう。

２０２３年12月14日に行われた大型記者会見でのことだ。会見を生中継するテレビの画面に、突然プーチン氏が２人並んで登場した。左は本人。右は、サンクトペテルブルク大学の学生が人工知能（ＡＩ）で作ったプーチン氏にそっくりな動画、という触れ込みだった。

右側のそっくりさんが質問した。

「あなたには数多くの影武者がいるというのは本当ですか？」

プーチン氏が答えた。

「あなたは私に似ているし、私の声で話している。でも私は、私に似ていて私の声で話す人物は1人だけに限ると決めている。それは、私自身だ。つまり、あなたが私にとって初めての影武者ということになる」

ここで「影武者」と訳したロシア語は「двойник（ドゥボイニク）」。「分身」や「生き写し」といった意味がある。ちなみにロシア語版のウィキペディアにあるプーチン氏の影武者問題についてのページも、この言葉を使っている（「Теория заговора о двойниках Владимира Путина」の項目）。

さてこの質疑には、当然ながら、政権の意図がこめられていたはずだ。だいたい「あなたに影武者がいますか？」なんて質問をさせる国家元首など、プーチン氏が初めてではないか。

もちろん第1の目的は、影武者疑惑を否定することにあっただろう。裏を返せば、プーチン氏がこのうわさをひどく気にしているということだ。

　プーチン氏は、20年のコロナの流行以降、感染を極度に恐れて、引きこもりのような自己隔離生活を送っているとうわさされた。影武者疑惑がささやかれたのも「隠れ家じいさん（Бункерный дед　ブンケルヌイ・ジェド）」というあだ名がはやりだしたのも、このころだ。

　しばしば上半身裸になるなど、活動的なイメージを大事にしてきたプーチン氏は、影武者疑惑や「隠れ家じいさん」のあだ名を払拭《ふっしょく》したかったのだろう。日本の岸田文雄首相が「増税メガネ」というあだ名を気にしているらしいのに通じる心理があるように思える。

　画面に登場したＡＩプーチンの完成度が微妙なところにも、政権の意図が表れていると私は感じた。

　確かにぱっと見は本人によく似ているのだが、動きやしゃべりがぎこちなく、見ている国民に「これなら本物だとだまされることはないな」と感じさせるできばえだった。動画をきっかけに「本当に影武者がいるかもしれない」という疑念が広がっては元も子もないと考えたのではないだろうか。

　実はプーチン氏は以前にも自身の影武者疑惑について語ったことがある。それは、20年2月27日に公開された国営タス通信のインタビューでのことだった。

司会者から国民がプーチン氏の影武者に関心を持っていると聞かされたプーチン氏は、次のように答えた。

「いないし、いたこともない」

興味深いのは「計画もなかったのですか?」という質問に対する答えだ。

「そういう話はあったが、影武者は私が断った。それは、テロとの戦いが最も厳しかったときのことだ」

プーチン氏によると、00年代初め、チェチェン紛争が最も激しかったとき、危険な現地視察に代役を派遣する話が持ち上がったのだという。

「実際には私がそこに行った。なので(代役は)いない」

このやりとりからも、プーチン氏が勇気ある指導者というイメージを大事にしていることがうかがえる。

私が、本当に影武者がいるかもしれないという疑念を抱くに至ったのは、まさにそうした「危険な現地視察」の様子を見てのことだった。23年3月19日、ロシア大統領府が、プーチン氏がウクライナ東部ドネツク州のマリウポリを訪問したと発表したのだ。

マリウポリはアゾフ海に面する港湾都市で、ウクライナへの全面侵攻開始後、最も悲惨な戦いがあった場所の一つだ。22年5月にロシア軍が占領を完了するまでに、建物の9割が破壊され、人口の8割を超える35万人以上が市外に逃れたとみられている。実際の犠牲者がどれほどにのぼるのかは、今も不明のままだ。

プーチン氏のマリウポリ訪問は、ロシアの手によってマリウポリが復興しつつあることを内外に示す意味があった。

しかしこの訪問、どうにも不可解なことだらけだったのだ。

ロシア大統領府は、プーチン氏が自らハンドルを握ってマリウポリ中心部を運転している様子を動画で公開した。

その様子は、ロシアの常識では考えられない状況だった。

モスクワに住んでいる人なら誰でも知っていることだが、プーチン氏の車が通る際、20分ほど前から道路の両方の車線が全面的に通行止めになる。当然周りは大渋滞になるのだが、そんなことはお構いなしだ。

その後、パトカーなど何台もの車両が道路の様子をチェックしながら通過。最後にプーチン氏がやって来る。時速100キロ超と思われる猛スピードで突っ走る専用車の前後左右を何台もの警護車両が取り囲んでおり、大きな車列を編成している。当然、信号で止まるようなことはない。

しかしマリウポリでのプーチン氏は自らトヨタ車のハンドルを握って、対向車が行き交

2016年5月9日、プーチン大統領が出席する軍事パレードが行われるモスクワの赤の広場近くの高所で周辺を警戒する狙撃兵。プーチン氏が行く先々では極めて厳しい警戒態勢がとられる＝駒木明義撮影

う道をゆっくり進み、ブレーキを踏んで左折する場面もあった。そんなときに車が突っ込んできたら避けることはできない。普段の警護態勢を考えたら、とてもではないけれどあり得ない。まして
ここは、ウクライナ領なのだ。1年近くロシアが占領しているとはいえ、面従腹背の住民に囲まれていると言っても良い場所だ。

もっと異常なのは、プーチン氏が新しく建てられた集合住宅の中庭で、約10分にわたって説明を受ける場面だ。周りの建物の屋上から狙撃されたり爆弾を放り込まれたりしたら、ひとたまりもないだろう。

実際このとき、プーチン氏に周囲の

何者かが大声で「真実ではない。すべて見せかけ」というヤジを飛ばした。

周囲に高い建物がある場所に長居をさせないことは、要人警護の鉄則だ。

例えば、00年9月に訪日したプーチン氏が柔道の聖地講道館を訪問した際、出迎えた山下泰裕氏は「プーチン氏が車から降りたところで立ち止まらないよう、建物内の4階で待つように要請されていました」と証言している。

ロシア占領下のマリウポリという特に危険な場所でのプーチン氏の振る舞いが、いかに常識外れかが分かるだろう。

私もときどきゲストコメンテーターとしてお邪魔しているBS-TBSの『報道1930』は、AIを使った顔認証や声紋分析を専門とする会社に、様々な場面のプーチン氏の画像や音声を分析してもらった。その結果、他人の可能性が高い複数の例が見つかった。これも影武者の実在を疑わせる、興味深い結果だった。

ナワリヌイの死

ロシアがウクライナへの全面的な侵攻を始めてから2年を迎える直前、ショッキングなニュースが飛び込んで来た。2024年2月16日、ロシアの反体制指導者アレクセイ・ナワリヌイ氏が、収容されていた北極圏の刑務所で急死したのだ。まだ47歳だった。

2019年９月29日、反政府集会で演説するナワリヌイ氏＝モスクワ、石橋亮介撮影

死亡の真相は、謎につつまれている。ただ、直接の死因がなんであれ、収監された経緯を考えれば、プーチン政権によって死に追いやられたことは間違いない。

ナワリヌイ氏の母親は、遺体と対面した際、会葬なしで埋葬するよう要求された。多くの支持者が集まって追悼するような事態を恐れたのだろう。

今、私は「恐れている」と書いた。誰がナワリヌイ氏を恐れているのだろうか。それはもちろん、プーチン大統領だ。プーチン政権やプーチン体制ではなく、プーチン氏個人だ。

ただ、それも不思議なことだ。確かにナワリヌイ氏はロシア社会の一部ではカリスマ的な人気を誇る反体制派のリーダーだった。とはいえ、絶対的な独裁体制を築いたプーチン氏の地位を脅かすほどの存在ではなかった。

それでもプーチン氏がナワリヌイ氏を単に嫌っていただけでなく、恐れの感情を抱いていたことは、おそらく間違いないところだ。

プーチン氏は公の場で、一度たりともナワリヌイ氏の名前を口にしなかった。不自然な言い換えまでして、名前を避けていた。

18年、ナワリヌイ氏は大統領選への立候補を認められなかった。このことについて記者に質問されたプーチン氏は答えた。

「あなたが言及した人物だけが許可されなかったわけではない」

20年8月、ナワリヌイ氏は神経毒による攻撃を受けて意識不明の重体となり、ドイツに運ばれて治療を受けた。この年の年末に行われた記者会見でプーチン氏は、この事件について、次のように語った。

「ベルリンの病院の患者は、米国の特務機関から支援を受けている」

「有名な我が国のブロガーの暗殺未遂については、既に話した通りだ」

21年1月、ナワリヌイ氏はドイツからロシアに帰国した直後に逮捕された。6月に米国のテレビ局のインタビューを受けたプーチン氏は、ナワリヌイ氏が生きて出所できるかを聞かれて、答えた。

「あなたが彼をなんと呼ぼうと勝手だが、彼は裁判所で有罪判決を受けて刑務所にいるロシア国民のひとりであり、そういう者は大勢いる」
（以上、傍点はいずれも筆者）

こうした受け答えからは、なにがあっても名前を口にしないという強い意思を感じる。

ロシアには古来、名前には特別な力が宿っていると考える風習がある。例えば「悪魔（Сатан）」と口に出すと、本当に呼び出してしまう恐れがあるので、「悪霊（злой дух）」や「闇の統治者（князь тьмы）」などと言い換えるのだという。

プーチン氏の振る舞いは、まるで迷信にとらわれた老人のようだ。

ここで紹介したプーチン氏の発言の中で、特に私の印象に残っているのは、「ベルリンの病院の患者は、米国の特務機関から支援を受けている」という、20年12月の記者会見での言葉だ。

この年の8月の毒殺未遂事件をめぐっては、英国の調査報道グループ「ベリングキャット」が、ロシア連邦保安局（ＦＳＢ）の要員8人が関与していたことを突き止め、その氏名まで公表していた。

プーチン氏はこの報道に反論して、ナワリヌイ氏がＣＩＡ（米中央情報局）の手先なのだからＦＳＢが監視していたのは当然だ、と記者会見で主張したのだ。

一方でプーチン氏はこの記者会見で、毒殺未遂へのFSBの関与は否定した。「監視はしていたが毒は盛っていない」というのは、かなり無理がある主張だろう。

それはともかく、この発言を聞いたとき、私は「ナワリヌイ氏に帰国を思いとどまらせるための脅しだな」と感じた。プーチン氏から「CIAの手先」と断定された人物が、ロシアで無事でいられるはずがないからだ。

しかしナワリヌイ氏は、21年1月に帰国を強行。誰もが予測した通り、空港で即座に身柄を拘束され、結局生きて出所することはなかった。

ナワリヌイ氏はその運命を覚悟の上で帰国したのだろう。国外からいくらプーチン氏を批判しても、影響力は失われていただろうから。

実際、そうした前例がある。エリツィン政権の後半に国家を半ば私物化していた大富豪のベレゾフスキー氏も、石油会社ユコスを創設したホドルコフスキー氏も、プーチン氏と対立して国外に逃れてから繰り広げたプーチン批判は、ロシア国民の心に響かなかった。

21年の帰国以来ずっと獄中にあったナワリヌイ氏は、23年8月に「過激派組織を創設した」などの罪で、禁錮19年の判決を受けた。

このときナワリヌイ氏はSNSで呼びかけた。

「私の寿命が尽きるか、政権の寿命が尽きるかだ」

「脅され、抵抗する意思を奪われようとしているのは私ではなく、皆さんだ。抵抗の意思を失わないで」

まさにプーチン氏が恐れたのはこれだろう。脅しに屈せず帰国した勇気であり、刑務所でもくじけることがなかった抵抗の意思だ。

自分の絶対的な権力をもってしても、口を塞ぐことができない人物がいる。それが社会に広がれば、いずれ自分の足元が揺らぐかもしれない……。

23年12月、過酷なことで悪名高い北極圏の刑務所に移送されても、ナワリヌイ氏は意気盛んだった。24年2月1日には、3月の大統領選では投票最終日の17日の正午にいっせいに投票所に行って、プーチン氏以外の候補に投票するよう呼びかけた。名付けて「正午の反プーチン（В полдень против Путина）」。反政権デモはいくら申請しても許可されないが、これなら合法的にデモができるというわけだ。

ナワリヌイ氏は、自身が大統領選への立候補を阻止された18年以降、他の選挙でも「政権が推す候補を敗北させるために、その次に当選しそうな候補に票を集めよう」と呼びかけるようになった。名付けて「賢い投票（Умное голосование）」というキャンペーンだ。

これが威力を発揮したと見られるのが、19年のモスクワ市議選だった。14年の前回選挙で与党系候補は45議席中38議席を獲得したのに、19年には24議席まで落ち込んだ。

こうしたナワリヌイ氏の動員力も、プーチン氏には目障りだっただろう。ネットを通じて反政権デモを呼びかけると、全国各地で若者らが街頭に出て「プーチンは泥棒だ！(Путин вор!)」「プーチンのいないロシア！(Россия без Путина!)」と叫んだ。

原動力となったのが、汚職告発の調査報道だ。ナワリヌイ氏のチームは、政府高官らの豪華な別荘やプライベートジェットなどの隠し財産を次々にネット動画で暴露した。

メドベージェフ前大統領の超豪華な別荘にアヒルのための大きな池と立派な小屋があることが報じられると、アヒルはたちまち汚職反対のシンボルとなり、デモの参加者はアヒルのおもちゃを掲げるようになった。「プーチン宮殿」として有名になった、黒海沿岸の豪邸の実態を伝えた動画では、トイレ掃除用のブラシが9万円もするイタリア製だということが話題になった。早速、反政権デモでトイレブラシを掲げる人が現れた。

24年2月16日に急死したナワリヌイ氏の葬儀は、3月1日にモスクワ市郊外のロシア正教会で行われた。その後、遺族らが希望していると伝えられた場所とは異なる墓地に埋葬された。

現地からの映像は、心打たれるものだった。

国営メディアは葬儀についてまったく報じていないのに、多くの人々が教会や墓地の周辺に詰めかけ、沿道を埋めた。ナワリヌイ氏の遺体を運ぶ車が通ると、次々に花束が投げられた。数千人は集まったのではないだろうか。

人々の中からは、自然発生的に「ナワリヌイ！」「プーチンのいないロシア！」「戦争にノー（Нет войне!）」といった叫びが、繰り返し巻き起こった。

周辺では警官や特殊部隊の隊員が大量に動員され、厳戒態勢を敷いた。

普段であれば、「戦争にノー」などと警官の前で叫べばたちまち身柄を拘束されるのだが、この日は群衆の叫びは黙認され、警官らはほとんど手を出さなかったようだ。

厳しく取り締まることが、参列者の反発を招き、より大規模な反政権デモにつながるような事態を恐れたのだろう。

ナワリヌイ氏の葬儀を目立たないように行わせたいという政権のもくろみは、こうして失敗に終わった。

そしてついに、プーチン氏があれほど避けてきた「ナワリヌイ」という名前を口にする日がやってきた。それは24年3月17日深夜、プーチン氏が大統領選で5選を決めた後に、選対本部で開いた記者会見でのできごとだった。

米NBCテレビの記者が、ナジェージュジン氏が立候補できなかったことやナワリヌイ氏が獄中で死亡したことを挙げて「これが民主主義だろうか？」と質問した。

プーチン氏は答えた。

「ナワリヌイについて言えば、そうだ、彼はこの世から去った。それは悲しいできごとだ。我が国では、他にも人生を終える人々がいる。米国では起きないことだろうか? いや、何度もあったことだ」

「ナワリヌイが世を去る数日前、大統領府の職員ではないが、私にこんなことを言ってきた者がいる。ナワリヌイを西側でとらわれている何人かと交換するアイデアがあるのだ、と」

「私は、いいじゃないか、と答えた。ただ、条件が一つある。彼が戻ってこないで行った先にとどまっているなら交換に応じよう、と」

堰を切ったように「ナワリヌイ」の名がプーチン氏の口から3度繰り返されたことで、私が見ているSNSのタイムラインは騒然となった。

ついに、プーチン氏はナワリヌイ氏におびえる必要がなくなったのだ。そんな時でも、ナワリヌイ氏に生きてロシアに戻ってきてもらっては困るという本音をにじませた言葉を、私は感慨深く聞いた。

ナワリヌイ氏はかつて、ウクライナのクリミア半島について本来はロシア領だという考えを述べたり、中央アジアや北カフカス出身者に対して排他的な発言をしたりするなど、必ずしも欧米が思い描くような民主政治家とは言えない面もあった。ウクライナでも、ナワリヌイ氏は人望があったとは言えない。むしろ、批判的に見ていた人や嫌っていた人が多数派だろう。

それでも、その若さと行動力、そして人を動かす魅力が、プーチン氏を恐れさせ、おそらくは嫉妬させた事実は色あせない。

第3章

ロシアから見える世界

核兵器への抵抗薄れる世論

2023年5月に広島で開かれた主要7カ国（G7）首脳会議は、ウクライナのゼレンスキー大統領が急きょ参加したこともあって、ロシアが核を脅しに使って進めているウクライナ侵略の異常性を、改めて浮き彫りにしたように思う。

プーチン氏はウクライナへの大規模侵攻を開始した22年2月22日に公表したビデオ演説でも、核の使用を露骨にほのめかした。

「現在起きていることに外部から干渉する誘惑にかられているような者に対して、極めて重要なことを述べておきたい。介入しようとする者、とりわけ我が国、我が国民に脅威となる者は誰であれ、ロシアは直ちに対応し、あなたがたに歴史上一度も経験したことがないような結果をもたらすことを知っておかねばならない」

「歴史上一度も経験したことがないような」という部分が核を含意していることは明らかだろう。

実際、国際社会がロシアの侵略を止められない最大の理由は、ロシアが核を保有していることにある。そのことを熟知しているプーチン氏はことあるごとに核戦力を誇示し、欧米を牽制している。

ロシアの核搭載大陸間弾道ミサイル「ヤルス」。戦勝記念日の軍事パレードのリハーサルで、モスクワ中心部を通行した。2017年5月7日、駒木明義撮影

そのロシアで、大変気になる世論調査結果が発表された。23年4月下旬、独立系のレバダセンターが、ウクライナ紛争と核兵器について質問したのだ。

「今回のウクライナ紛争でロシアが核兵器を使うことは正当化されると思うか」という質問に対する回答は以下のようなものだった。

当然正当化される　10%
どちらかといえばされる　19%
どちらかといえばされない　20%
絶対にされない　36%

実に29%もの人が核兵器の使用を容認するという結果は、私にとっては大きな驚き

だった。

この世論調査では、実際に核が使われる恐れがあるかどうかについても尋ねている。

「ロシア指導部は、ウクライナの軍事作戦で必要があると考えれば、核兵器を使う用意があると思うか」という質問に対する答えは以下の通りだ。

もちろんある　9％
おそらくある　20％
おそらくない　32％
絶対にない　28％

こちらも、29％の人が、核兵器が使われる可能性を現実のものとして受け止めているという結果だ。

核兵器の使用が正当化される、また現実に使われる可能性があると考える人がほぼ3割に達するという結果に、私は衝撃を受けた。ロシアではソ連時代から、核兵器がいかに非人道的な兵器かという教育が行き届いており、ロシア国民の核兵器への拒否感は、被爆国の日本と同じくらい高いと思っていたからだ。

もちろんそうした教育の理由は、主として冷戦下で対立していた米国を批判するためではあったのだが。

ソ連では、原爆の悲劇を取り扱った映画も多く作られた。

1974年にソ連が日本と協力して制作した「モスクワわが愛（原題：Москва любовь моя）」もその一つだ。

栗原小巻氏が演じる広島生まれの少女、百合子が単身モスクワに渡航して、バレエのレッスンに打ち込む。才能を見いだされてボリショイ劇場の主役への抜擢が決まったときに、母親の胎内で被爆したことに起因する白血病を発症。ロシアの青年と育んできた愛は悲恋に終わるというストーリーだ。

私が初めてこの映画を見たのは、96年8月6日、広島原爆の日のことだった。当時旅行で訪れていた、バイカル湖に近いイルクーツクのテレビで放映していた。

ちなみに栗原小巻氏は、ロシアでは知らない人はいないほどの人気俳優だ。私が「こまきです」と自己紹介して、栗原小巻氏の名前を出されたことが何度もある。

ではなぜロシアで今、核兵器への抵抗感が薄れているのだろうか。

私見だが、「核を使おうとしているのはウクライナだ」というプロパガンダがロシア国内で繰り返されていることが影響しているのではないだろうか。

プーチン氏は前述の開戦時の演説で、ウクライナが核武装しようとしていると主張し、先制攻撃を正当化した。

「今や彼ら（ウクライナ）は核兵器の保有を主張している。我々はそんなことを許すことはできない」

2022年10月には、ロシアは国連などの場で、ウクライナが放射性物質をまき散らす「汚い爆弾」を使おうとしていると訴えた。当時のロシアのテレビニュースは「汚い爆弾が使われたらいかに危険か」という話題を繰り返し報じ、国民の恐怖をあおった。

核保有についても汚い爆弾疑惑についても、ウクライナで査察を行っている国際原子力機関（IAEA）が明確に否定しており、悪質なフェイクだ。とはいえ、ロシアの世論に与えた影響は大きいだろう。

ロシアは近年、ソ連時代に先祖返りしたかのように、米国が広島と長崎に原爆を投下したという事実を、日米を仲たがいさせるための道具として利用してきた。

その旗振り役を担ってきたのが、プーチン大統領の側近で、対外情報庁（SVR）の長官を務めているナルイシキン氏だ。

原爆投下から70年を迎えた15年8月、当時下院議長だったナルイシキン氏は、自ら原爆問題についての専門家会議を主催して、こう述べた。

「広島、長崎への原爆投下はまだ国際法廷で裁かれていない。しかし、人道に対する罪に時効はない」

核兵器が非人道的な兵器であり、決して使われてはならないというのはその通りだ。しかしロシアの場合、こうした主張が「日本を降伏させたのは米国の原爆ではなくソ連の対日参戦だった」として、当時の日ソ中立条約を一方的に破棄した対日参戦を正当化する主張、さらには、その後の千島列島の占領を正当化する議論とセットになっていることには、注意が必要だろう。

さらにプーチン氏は20年以降、「日本の学校では原爆を落としたのが米国だという事実が教えられていない」という、事実とかけ離れた主張を繰り返している。たとえば、22年10月の有識者との会合では以下のように主張した。

「日本の教科書には（米国ではなく）連合国が原爆を落としたと書かれている。学校教科書に事実を書けないほど、日本は抑えつけられているのだ」

いったい誰がこんなウソを大統領に吹き込んだのだろう。

実は「日本人は原爆を落としたのが米国だということを知らない」という俗説は、ロシアでは以前からかなり広く信じられている。とはいえ、大統領が根拠もなく公の場でこうした主張を繰り返すのは理解に苦しむ。周囲の誰も訂正しないのか、与太話を吹き込むような側近の言うことしか信用しなくなっているのか。

プーチン氏の最近の言動からは、日本でもよく見聞きする陰謀論にはまる中高年のような印象を受けることが少なくない。

ウクライナへの全面侵攻開始後も「被爆国の日本はロシアを支持している」というフェイクが拡散された。

22年8月、在英国ロシア大使館のツイッター(現X)アカウントが、当時首相補佐官だった岸信夫氏のツイートのように見せかけた捏造画像を拡散した件がそれだ。

画像では、まるで岸氏の発信のように、次のような日本語が書かれていた。

「世界は核災害の危機に瀕しています! ウクライナのミサイルは、ザポリージャ原子力発電所の上空で爆発すべきではありません」

当時、ウクライナ南部ザポリージャ原発の施設が繰り返し砲撃され、国際社会の懸念が高まっていた。この攻撃を巡っては、ロシア側、ウクライナ側双方が「相手の仕業だ」と主張していた。

在英ロシア大使館はこの画像を「これ以上の表現はない」と持ち上げるコメントをつけて拡散したのだ。ロシアの主張に岸氏が同調しているかのような印象を広げようとしたのだろう。

もちろん岸氏は即座に自身のアカウントで「駐英ロシア?·が拡散している私のツイートは元々存在しません。フェイクです」と否定した。

話を広島サミットに戻そう。

採択された核軍縮についての「広島ビジョン」は、核廃絶への具体的な展望を示していないとして、被爆者の方などからの批判を招いた。

それに加えて、ロシアの侵略によって、NPT（核不拡散条約）体制そのものの正当性が揺らいでいることへの危機感が足りないのではないかと、私は感じた。

ウクライナ侵略で、ロシアが国連安全保障理事会の常任理事国にはふさわしくないと考えるようになった人は多い。それだけではない。核戦力を振りかざしながら侵略を進めるロシアが、NPTが現在常任理事国5カ国だけに特権的に認めている核保有国としても、ふさわしくないことは明らかだ。

この状況を放置していては、核兵器を持たない国に「不公平だ」という不満がたまるのは当然だ。規範の力が損なわれることの危険性は、いくら強調しても足りない。

ベラルーシへの核移転

2023年3月25日、プーチン氏は核による脅しのステップを一段上げた。隣国のベラルーシに戦術核を配備する考えを表明したのだ。

ロシアが核の脅しをエスカレートさせる背景に、思うような戦果を挙げられていない状況があったことは間違いない。

ベラルーシに核配備を進めることで、プーチン氏は具体的にどんな効果を狙ったのだろうか。

ひとことで言えば、核の脅しに真実味を与えることで、欧米からウクライナへの軍事支援をためらわせようとしたのだろう。

ベラルーシへの核配備がなぜ真実味を増すことになるのか。それは、ベラルーシを隠れみのにすることで、ロシアの核使用に向けたハードルが下がるかも知れないからだ。

ウクライナは、北大西洋条約機構(NATO)に加盟していないので、米国の核の傘に守られているわけではない。そうは言っても、万一ロシアがウクライナで核兵器を使えば、NATOは核を使うかどうかは別にして、何らかの報復措置をとることは避けられない。

この点、ベラルーシに核を使わせれば、報復の対象がベラルーシ領内になるかもしれない。NATOが世界的な核戦争に直結しかねないロシア本土への攻撃をためらうことを、ロシアは期待しているのだろう。

ただし、こうしたシナリオが現実になる可能性は低い。あくまでロシアの狙いは、核を使いやすい条件を整えていると見せかけることによって、欧米をひるませることにあるのではないだろうか。開戦後繰り返されているブラフ、こけおどしの延長というのが、実態だろう。

核兵器を持つことで敵対する相手の行動を自分に望ましい方向に変える、つまり「抑止」するためには、本気で核を使うかもしれないと相手に信じさせ、恐れさせる必要がある。何があっても使われない兵器は、存在しないのと同じだからだ。

米ロをはじめとする核保有国が、絶対に核戦争を起こしてはいけないと主張しつつ、確実に核を使用できる態勢を維持している理由はここにある。このあたりが、仕方がないとはいえ、核抑止という仕組みのいやらしいところだ。

ところで、ロシアによるベラルーシへの核配備は、甚だしい言行不一致と言わざるを得ない。発表するわずか4日前にプーチン氏と中国の習近平国家主席が署名した共同声明には、以下のような両国の共通認識が明記されているのだ。

「すべての核保有国は核兵器を自国領土外に配備せず、国外に配備されているすべての核兵器を撤去すべきだ」

もちろん、米国を牽制することがこの条項の狙いだ。しかし、こう主張しているロシアが国外への核配備を進めたら、説得力もなにもあったものではない。声明を共にした中国の顔に泥を塗る行為でもある。

この点について、ロシア外務省は「ロシアとベラルーシは連合国家なので、領土外への核配備にはあたらない」と言い訳している。

これは「ウクライナでやっているのは戦争ではなく特別軍事作戦だ」というのによく似た、国際的にはとても通用しない詭弁だ。

確かにロシアとベラルーシは1999年12月に、連合国家創設についての条約を結び、共通の憲法、議会、通貨を持つことを目標に掲げた。しかし、今に至るまで何一つ実現しておらず、連合国家の実態はない。

権力欲のお化けのような政治家で、かつてはロシアとベラルーシの連合国家の盟主になることを夢見たことさえあるルカシェンコ大統領に、今やその面影はない。2020年8月の大統領選をめぐる不正疑惑が国民の怒りを招き、危うく権力の座から転がり落ちそうになった。それ以降、後ろ盾となったプーチン氏に逆らえなくなっている。

それでも持ち前のしたたかさを発揮して、必死にロシアに抵抗していることもある。それは、ロシア側からの度重なる圧力にもかかわらず、ベラルーシの兵士をウクライナでの戦いに参加させていないという点だ。そんなことをすれば、ルカシェンコ氏はいよいよ国民から見放され、大統領の座から放逐されかねない。ベラルーシで大規模な反政権デモが起きる事態は、プーチン氏としても避けたいところだ。ルカシェンコ氏は、自らの地位を人質にして、プーチン氏を牽制しているのかもしれない。「自分が権力を手放し、親欧米派が政権の座についてもいいんですか？」と。

そんなルカシェンコ氏は22年10月、ベラルーシはすでに「特別軍事作戦」に参加していると主張した。その理由として、次のように説明した。

「誰もベラルーシの領土からロシア人の背後を撃つことはない。それが我々の参加だ」

ずいぶんと人を食った言い分だ。ルカシェンコ氏は今に至るも、ロシアを手玉に取りたいという内なる欲求に逆らえないのかもしれない。これを聞いたプーチン氏が浮かべたであろう苦虫をかみつぶしたような表情が思い浮かぶ。

このタヌキぶりこそ、ベラルーシという小国でプーチン氏以上の長期独裁政権を維持してきたルカシェンコ氏の真骨頂だろう。

さて、そのルカシェンコ氏が23年3月31日に、興味深い提案をした。国会議員らを集めて行った年次教書演説で、ロシアとウクライナに即時停戦を求めたのだ。

ルカシェンコ氏は、双方が直ちに部隊や兵器の移動を禁止して、領土、復興、安全保障その他すべての問題を前提条件のない対話を通じて解決するべきだと主張した。

ロシアに占領地からの撤退を求めることなく、現状を固定しようという内容は、ウクライナ側にはとても受け入れられない主張だ。

一方でルカシェンコ氏の提案は、ロシアの立場とも異なる。プーチン氏は22年9月にウクライナ東部と南部の4州の自国への編入を一方的に宣言した際に、4州の帰属は交渉の対象にならないという考えを示しているからだ。

ロシアのペスコフ大統領報道官は、ルカシェンコ氏の提案を拒否して、軍事作戦を継続する考えを表明した。

ルカシェンコ氏の意見は、ロシアよりも、むしろ中国に近い。実際ルカシェンコ氏は、23年3月1日に中国を訪問した際、停戦と対話をよびかけている中国の立場に「完全な賛成と支持」を表明した。

ウクライナ侵攻をめぐる中国とベラルーシの立場は似通っている。

プーチン政権の崩壊につながるようなロシアの敗北だけは避けたい。戦闘が長期化してロシアが弱体化する事態も望まない。一方で、ロシアが侵攻を開始するまで、ウクライナとも基本的に良好な関係を維持していた。欧米による制裁のとばっちりを受けることを迷惑に感じている、等々。

見方を変えれば、国際社会の中で、ロシアのお仲間の代表格と言って良いベラルーシや中国でさえ、即時停戦を求めているということだ。勝利するまで侵攻を続けるべきだと本気で考えている国は、世界でロシア以外、皆無だろう。

完全な孤立。それでもプーチン氏は、仲間の声にも耳を傾けず、侵略を続けている。誰の得にもならないこの戦争の愚かさを、直視できる日が来るのだろうか。

フェイクの流儀

ロシアはウクライナ侵攻を巡って、数多くのフェイク情報を繰り出している。これまで紹介してきた、ウクライナが核武装しようとしている、汚い爆弾を使おうとしている、日本の首相補佐官がロシアの言い分に理解を示した、コンサートホールでのテロの背後にウクライナがいる、といった事例は、ほんの一部にすぎない。

ウクライナが米国の協力を得て生物兵器を開発しているという主張も、開戦間もない時期に繰り返された。この件ではロシアの要請で、国連安全保障理事会の緊急会合まで開かれた。もちろん、ロシアの主張が裏付けられることはなかった。

開戦から2年が過ぎて、ロシアはこれらの疑惑を主張することがほとんどなくなった。忘れてしまったかのようだ。かつての主張の真偽など、今となってはどうでも良いのだろう。

こうした経緯を見て私が思い出すのが、2014年の7月17日にウクライナ東部の上空

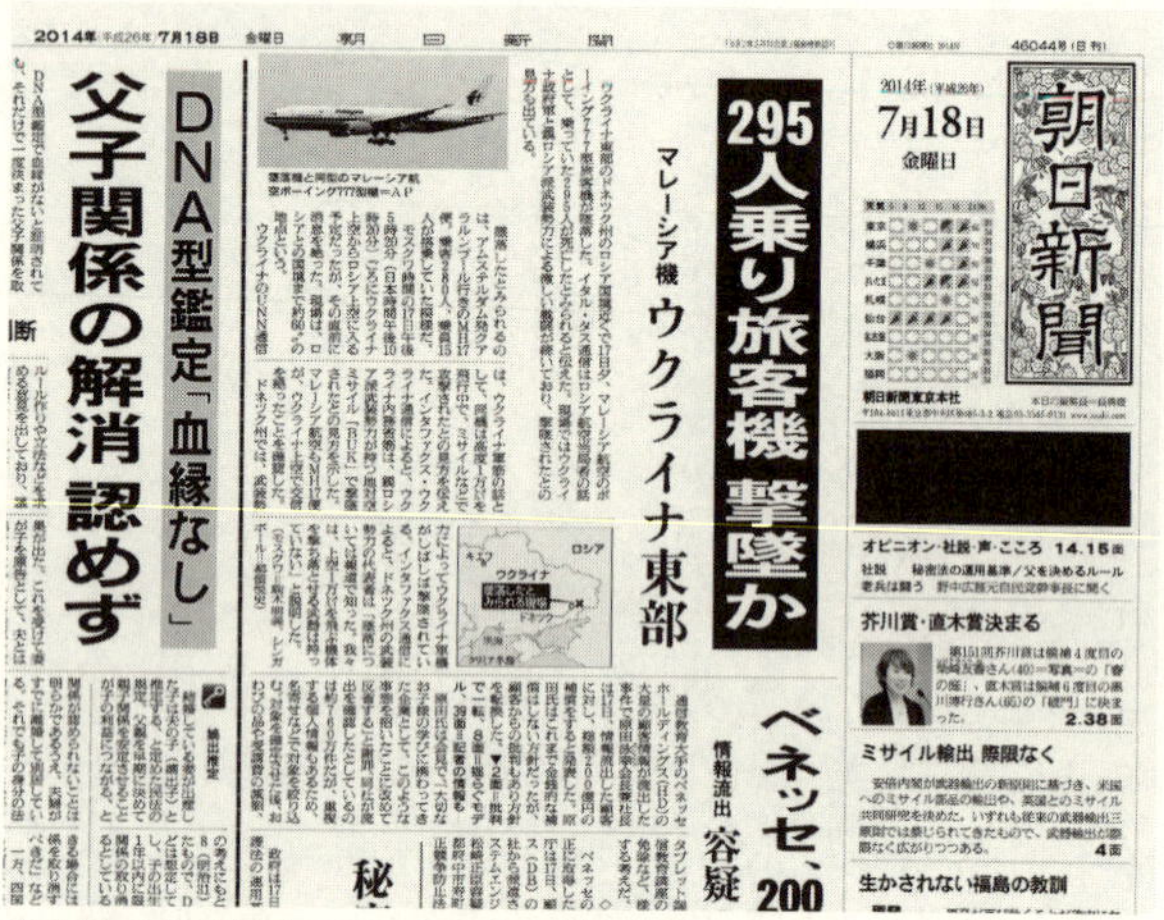
2014年（平成26年）7月18日　金曜日　朝日新聞　46044号（日刊）

朝日新聞

2014年（平成26年）7月18日　金曜日

[redacted]

295人乗り旅客機 撃墜か

マレーシア機 ウクライナ東部

ウクライナ東部のドネツク州のロシア国境近くで17日夕、マレーシア航空のボーイング777型旅客機が墜落した。イタル・タス通信はロシア航空当局者の話として、乗っていた295人が死亡したとみられると伝えた。現場ではウクライナ政府軍と親ロシア派武装勢力による激しい戦闘が続いており、撃墜されたとの見方も出ている。

墜落機と同型のマレーシア航空ボーイング777型機＝AP

ロシア　ウクライナ　墜落したとみられる現場　ドネツク

ベネッセ、200

情報流出 容疑

DNA型鑑定「血縁なし」

父子関係の解消 認めず

秘

オピニオン・社説・声・こころ　14.15面

芥川賞・直木賞決まる　2.38面

ミサイル輸出 際限なく　4面

生かされない福島の教訓

ウクライナ東部でマレーシア航空機が墜落したことを伝える2014年7月18日付の『朝日新聞』朝刊（東京本社発行の最終版）

で起きた、マレーシア航空機の撃墜事件をめぐる顚末だ。フェイクを利用するロシアの手法が、典型的に表れている。

オランダのアムステルダムからマレーシアのクアラルンプールに向かっていたボーイング777旅客機が撃墜され、乗客乗員298人全員が死亡するという悲劇が起きたとき、私はモスクワ支局で勤務していた。

モスクワ時間の17日午後6時前、日本時間では日付が18日に変わるころだったと記憶している。支局のスタッフはすでに帰宅し、1人ソファで一息ついていたときに、ロシアの通信社やテレビが一斉にマレーシア航空機の墜落情報を伝えたのだ。

朝刊の最終締め切りまで1時間あまりの間に、伝わってくる情報をばたばたとまとめて、最終版の1面トップにねじ込んだ。

こうしたときに何よりありがたいのが、東京に勤務している同僚たちのサポートだ。オランダやマレーシアから出てくる情報を加え、地図や写真をあしらって、記事を補強してくれた。

今読み返すと、犠牲者の人数に誤差はあるものの、事件の基本的な構図はこの時点ですでに正しく指摘されている。つまり「高度1万メートルを飛行中に、親ロシア派武装勢力が持つ地対空ミサイルシステム『ブーク（BUK）』で撃墜された」というのが、後に明らかになった通りの事件の真相だ。

オランダの裁判所は22年11月、当時ウクライナの東部を支配していた親ロ派勢力の指揮官だったロシア人ら3人に、被告不在のまま終身刑を言い渡した。オランダなどで作る国際的な合同捜査チームは23年、地対空ミサイルの武装勢力への供与にプーチン大統領自身が関与した可能性を指摘した。

ちなみにオランダの裁判所に終身刑を言い渡された1人、イーゴリ・ギルキン氏は23年7月、ロシアで過激派活動を呼びかけた疑いで逮捕された。撃墜事件当時、自称「ドネツク人民共和国」の国防相を務めていたギルキン氏は、22年にロシアが本格侵攻を開始した

モスクワのオランダ大使館前に供えられた花とぬいぐるみ。「ПРОСТИТЕ НАС（私たちを許してください）」というメッセージが添えられていた＝2014年7月19日、駒木明義撮影

後は、対ウクライナ強硬論の立場からプーチン氏を厳しく批判していた。

14年の事件当時、私が心を打たれたのが、モスクワにあるオランダ大使館の様子だった。多くの市民が花束やぬいぐるみ、ろうそくなどを供えて、犠牲者を悼んでいたのだ。ロシア語で「ПРОСТИТЕ НАС（私たちを許してください）」と書かれたカードも置かれていた。

一般市民が示した追悼の気持ちとは対照的に、閉口させられたのが、ロシア当局やメディアから怒濤のように流されるフェイクニュースの数々だった。以下に、主なものを紹介しよう。

事件当日の夜には、国営通信社が、

ウクライナがプーチン大統領の専用機だと思ってマレーシア航空機を誤って撃墜してしまったという「ロシアの航空当局者」の見方を報じた。プーチン氏の専用機I l 96と撃墜されたボーイング777は大きさや塗装のカラーリングが酷似しており、現場近くの上空をほぼ同じ時刻に飛行していた、というのだ。

しかし、ロシア大統領の専用機が相手国への通告無しに、しかも紛争地の上空を飛ぶことは考えられない。

その後しばらくの間、ロシアのメディアを席巻したのが、ウクライナ空軍のSu25攻撃機がマレーシア航空機を撃墜したという説だった。

7月21日、ロシア国防省は大がかりな記者会見を開き、マレーシア航空機を追尾するようにウクライナのSu25が飛行していたと発表した。会見場の巨大なスクリーンには、ボーイングとSu25の航跡とされる線が、もっともらしく映し出された。

しかしSu25は、せいぜい高度7000メートルまでしか上昇できない機体だ。この点について国防省は、短時間であれば1万メートルを飛行することは可能だと主張した。

ロシアはこの会見の様子を、世界に向けて発信した。その中には、ロシア国営通信社が運営する日本語のニュースサイトも含まれていた。

7月29日には、マレーシア航空機を撃墜したことをウクライナのSu25のパイロットがドイツのメディアに対して認めたと、ロシアの有力新聞が報じた。墜落した残骸に残されていた穴は「ブーク」によるものではないという専門家の見解も、この記事に添えられていた。

12月になると、ロシアに亡命したウクライナ軍兵士が「自分の同僚がマレーシア機を撃墜したようだ」と告白したという報道が登場する。

この兵士は、顔を隠してテレビに登場し、次のように語った。

「事件当日、ウクライナ空軍のボロシンという名のパイロットが仲間と共にSu25で出撃。帰還したときには、出発時に装着していたミサイルが無くなっていた。ボロシンは非常にショックを受けた様子で『飛行機がいてはいけない時間に、いてはいけない場所にいた』と漏らしていた……」

ロシアの捜査当局は、この迫真の「証言」が、他に得られている情報と符合しているとして、証拠として重視する考えを示した。

ところが事件から1年余りを経た15年の秋になると、あれほど繰り返されていたSu25による撃墜説は、どこかに行ってしまう。地上に墜落した機体の残骸をはじめとする様々な証拠や調査が積み重なった結果、ブークによって撃墜された事実を認めざるを得なくなったからだろう。

そこで登場したのが、ブークを生産しているロシア国営の兵器メーカーだった。このメーカーは10月に、大々的な「実証実験」を行う。ボーイング777と似た大きさのロシア機Ⅰｌ86の機首部分を用意し、その近くで実際にブークのミサイルを爆発させたのだ。迫力満点の実験映像は、ロシアメディアで繰り返し報じられた。

この実験の結果、ブークは親ロ派武装勢力の支配地域ではなく、ウクライナ軍の支配地域から発射されたことが分かったというのが、このメーカーが出した「結論」だった。つまりブークを発射したのはウクライナ軍だという主張だ。

しかし実験の派手さと裏腹に、説得力に欠ける結論ありきの主張が、国際的な注目を集めることはなかった。

以上のような経緯には、ロシアが様々な場面で繰り広げるプロパガンダの特徴がよく表れている。

次から次に大量の情報を供給すること、それをロシアの多様なメディアが多くの言語で繰り返し報道すること、「外国メディアが報じた」という体裁で本当らしくみせようとするところ、おそらく仕込みと思われるあやしげな証人に語らせた証言を「識者」や「専門家」がもてはやすこと。新しい報道内容がこれまでの主張と矛盾していてもまったく気にしないこと――などの点だ。

全体としては極めて雑で荒っぽいのだが、こうした手法がロシア国内はもちろん、国外でもかなりの影響力を持っているのが現実だ。

こうした情報をどう扱うかは、当時モスクワ特派員だった私にとって頭の痛い問題だった。結論から言うと、私はどれも記事にしなかった。

単に「国防省はこう発表した」「ロシアメディアはこう伝えた」とだけ書くことは、極めてミスリーディングで無責任だ。一方で「ロシア側はこう発表したが、事実かは疑わしい」と論拠も含めて報じることは、ロシアから発信される情報が膨大であることを考えると、現実問題としては困難だった。

やむを得ない判断だったと今でも考える。しかし、「ロシアが発表した重要な情報を意図的に隠している」といった批判をネット上で受けることもあった。

今もネット上には、日本語のページを含め、ロシア発の情報が正しいという前提で書かれたブログ等が多く残っている。

ロシアからの情報攻撃に対抗するため、ウクライナは21年に「偽情報対策センター」を設立し、他国とも協力を進めている。

しかし実態として、大量に流されるフェイクを一つ一つ検証して誤りを正していく手間を考えれば、ネット空間に流れる言論の量はフェイクが圧倒してしまい、それが人々の認知に大きく影響してしまうのが現実だ。

ロシアのメディアと世論

ロシアが２０２２年2月24日にウクライナへの全面的な軍事侵攻を開始した直後、ロシアでプーチン大統領への支持率が跳ね上がった。

その後、ロシア軍は当初想定されたような成果を挙げられていないが、プーチン氏の支持率は高いまま推移している。

まずはこの点を、ロシアの独立系世論調査レバダセンターのデータで見ていこう。

ちなみにレバダセンターはロシア政府から「外国の代理人」に指定されている。政府におもねらない調査活動が疎んじられたためと見られる。

レバダセンターは、「ウクライナで」のロシア語表記についても、ロシア政府や国営メディアが用いる「на Украине」ではなく、ウクライナ系や独立系のメディアが使う「в Украине」を採用している（前者には、ウクライナを国ではなく一地方とみなすニュアンスがある）。この点にも、政府の見解とは一線を画する姿勢が表れている。

さてレバダセンターの調査によるプーチン氏の支持率は、プーチン氏が4期目の任期をスタートさせた18年以降、概ね60％代半ばから70％程度で推移していた。それが侵攻開始後の3月の調査では83％に跳ね上がった。

これと同じような急上昇は、14年3月にロシアがウクライナのクリミア半島の併合を一方的に宣言した際にもみられた。その後18年に急落した原因は、年金支給年齢の引き上げだった。開戦でそのマイナスを一気に挽回したといえる。

もちろん、8割超という支持率を、額面通りに受け取ることはできない。私の目を引いたのは、プーチン氏と時を同じくして、首相、政府、下院、そしてウクライナ侵攻とは直接関係ない、地方自治体首長の支持率も、跳ね上がっている点だ。

これには理由がいくつか考えられる。隣国との軍事紛争という緊急時にあって、大統領を中心に国民は団結しなければならないという意識の高まりもあるだろう。いわゆる旗下結集効果だ。

さらに、社会を覆う緊張感が、「お上」に異を唱えにくい雰囲気を作っている面もあるだろう。私自身、モスクワ特派員をしていた当時、自分の携帯に世論調査の電話がかかってきたことがあった。「私は日本人ですから」と言って断ったのだが、このとき「この電話にプーチンを支持しないと答えるのは勇気がいるな」と感じたものだ。

相手はこちらの電話番号を知っている。回答を個人と結びつけて記録されているかもしれない。「支持します」と答えておけば、何の心配もなく、平穏な日常が続くのだ。反戦

ナワリヌイ氏が呼びかけた反政権デモの参加者を取り押さえるロシアの特殊部隊＝2017年6月12日、モスクワ、駒木明義撮影

デモが容赦なく弾圧されるようになった開戦以降の国内情勢を考えれば、無難な回答が増えるのもうなずける。

14年のクリミア占領の際、当時モスクワにいた私の肌感覚としては、ほぼ全国民が大歓迎しているような印象を受けた。国営テレビの職員が生放送に乱入して反対したり、経済人から懸念の声があがったりするような22年以降の状況とは明らかに異なる。もしも北方領土が返還されたら、日本人もこんな風に歓迎するのかもしれない、と感じたものだ。

一方、私が知る範囲では、ロシア人は22年に始まった侵攻を大歓迎というよりは「やむを得ない選択だった」という受け止め方が多い印象だ。

しかし、一人ひとりが心の奥深くでどう考えていようと、現実社会に影響を及ぼすのは、結局のところ、公の場での意見表明や投票行動といった具体的な言動だ。その意味で、大多数の人々がプーチン氏とウクライナ侵攻に対する支持を表明しているという事実から目をそらすことはできない。

もう一つ、プーチン氏を巡って気になる調査結果を紹介しよう。プーチン氏が大統領の任期切れを迎える24年以降の続投を望むか、という質問に対して、侵攻開始後の22年5月の調査では、72％もの人々が「望む」と回答したのだ。

ロシアでは20年に、24年以降の大統領続投を可能とする憲法改正が行われた。その翌年の9月に行われた調査では「望む」と答えたのは47％に過ぎなかった。憲法改正前を含めても、レバダセンターがこの調査を始めた12年以降、クリミア併合後の最も支持率が高かった時期を含めて、最も続投待望論が高まっているという結果となった。

なぜこうした世論が形成されているのだろうか。ロシアのメディア状況と無縁ではないだろう。

この点で、レバダセンターが22年6月に行った調査が興味深い。

ウクライナ侵攻が始まって以降、ロシアと世界で起きているできごとについての最も信頼している情報源を聞いた調査（複数回答可）では、結果は以下のようなものだった。

国営テレビ	42%
SNS	25%
国営通信社	20%
民間テレビ	15%
家族・友人・隣人	15%
ロシアのネットメディア	10%

一方で、私たち日本の報道機関がしばしば「独立系」として引用する『メドゥーザ』や『ノーバヤ・ガゼータ・ヨーロッパ』などのニュースソースの信頼度は極めて低い。

ロシア国外を拠点とするロシアのネットメディア	4%
国外を拠点とするロシアの放送局	4%

なお、18~24歳の若年層に限ると、最も信頼するメディアの首位はSNS（42%）で、2位の国営テレビ（20%）を引き離している。ただ、独立系メディアへの信頼度が低い点

では、年長世代と変わらない。

もちろん、多くの人が国営メディアの報道を何からなにまで信じているわけではない。「完全に信じている」は31％。「部分的に信じている」が54％、「まったく信じていない」が11％という結果だ。

特に疑わしい目を向けられているのは、ロシア軍の死者数や負傷者数についての発表や、ロシア軍の残虐行為などが報じられない状況だ。

とはいえ、プーチン氏や国営メディアが繰り返し強調している今回の「軍事作戦」をめぐる大きな構図自体は、ロシアの社会に受け入れられていると言ってよい。

レバダセンターのヴォルコフ所長によると、「ウクライナに住むロシア語話者がウクライナの政権から迫害されている」とか「危機を起こしたのは米国やNATOであり、ロシアは防御的な対応を迫られたに過ぎない」といった政権の説明は、ロシア国内で広く信じられている。そして侵攻開始後、国営メディアへの信頼度は、むしろ高まる傾向にあるのだという。

24年3月にモスクワ郊外のコンサートホールで起きたテロ事件をめぐって、背後にウクライナがいるという政権の主張を受け入れる人が多いことは第1章で見た通りだ。

こうした状況は、「軍事作戦」そのものへの支持率にも表れている。開戦から2年を経た24年3月の調査では、軍事作戦を「完全に支持する」または「どちらかといえば支持する」人は計76％で、22年3月の80％とほぼ変わらない水準を維持している。

もうひとつ興味深いのは、レバダセンターがウクライナ南部のヘルソン州とザポリージャ州について22年8月に行った調査だ。

両州は、侵攻開始後わずかな期間に多くの領域をロシア軍に占領された。ロシア側は被占領地の住民にロシア国籍を付与したり、学校でロシア式の教育を進めたりといった「ロシア化」政策を進めている。

さらに22年9月、ロシアはこの両州のロシアへの併合を一方的に宣言してしまう。その1カ月前に行われた調査では、ヘルソン州とザポリージャ州の将来像について質問していた。その結果は以下のようなものだった。

ロシアの一部となるべきだ　45％
独立国家となるべきだ　21％

これに対して、ウクライナの一部にとどまるべきだと答えたのは、わずか14％にとどまった。

プーチン氏はかねて、ウクライナは人工的な国家であるとか、ロシアと共にあるからこそ主権を行使できるといった見解を繰り返してきた。前記の調査結果からは、ウクライナを一人前の国家とみなさない考えが、ロシア国民の間で広く共有されている実態が見て取れる。

実際、私がロシア人と話をするとき、ごく自然にウクライナやウクライナ人を見下す発言を聞かされて、居心地が悪い思いをすることが多くあった。

「彼らは一度も自分たちの国を持ったことがないんです」

「私はウクライナに親戚もいるし、彼らのことをよく分かっています。まともに国を運営できるような人たちじゃないんです」

こうした言葉を聞くたびに、私は、一部の日本人がごく自然にアジアの近隣国に対して上から目線で語る場面を思い出さずにはいられなかった。

長くロシアに住む日本人から、多くのロシア人と同じような無自覚なウクライナに対する上から目線、あるいは直接的な差別発言を聞くこともあった。ロシア社会に溶け込むうちに、名誉白人ならぬ名誉ロシア人のような感覚を持つに至ったのかもしれない。

長年ウクライナを軽く見てきたロシア人や、そうした感覚を共有してきた人々にとって、ウクライナ人が団結して侵略に抵抗し、ロシアが苦戦を強いられているという現実は、正面から直視したくないのだろう。

そうした人々にとっては、ウクライナは欧米にたぶらかされてロシアと戦わされている、助けがなければロシアにすがってくるはずだ、という物語の方がずっと受け入れやすいのだ。

誰よりもプーチン氏自身が、そうした物語に取り憑かれているようにも見える。

前述したように、若年層は国営テレビよりもインターネットを主要な情報源としている。ウクライナでの軍事行動を支持する割合も、24年3月の調査では、65歳以上が86％に達するのに比べて、18～24歳の層では58％にとどまる。

ヘルソン州やザポリージャ州がロシアの一部になるべきだと考える割合も、開戦後のロシアで導入された言論統制法制への支持も、若いほど低い傾向ははっきりしている。

しかし、注意しなければならないのは、高年者よりも割合は少ないとはいえ、若い層も大多数がプーチン政権を支持し、政府の主張に賛同しているということだ。

あるロシアの専門家は、多くの若者にとって、今のロシア社会での成功とは公務員になったり、国営企業に就職したりすることだと指摘する。

今のような言論状況では、上が変わらなければ世論も変わらない。もしもロシア世論が大きく変化するとすれば、指導者が交代して欧米との和解を模索する時なのかもしれない。

ロシア世論が揺らいだ強制動員

ウクライナ侵略開始後、一貫してプーチン氏を支持してきたロシアの世論が目に見えて大きく動揺したことが1度だけある。2022年9月21日にプーチン氏が出した30万人の強制動員令だ。

強制動員が引き起こした騒動を見て私が思い出したのは、今から80年近くも前のできごとだった。

国民的漫画『サザエさん』を生んだ長谷川町子さんの姉、毬子《まりこ》さんは、婚約者に召集令状が届いたため、急遽《きゅうきょ》結婚式を挙げた。わずか1週間の新婚生活の後、戦地に向かった夫はインパール作戦に駆り出され、帰らぬ人となった。

戦時中の日本と同じようなことが、現代のロシアで起きたのだった。ウクライナの戦場への動員が決まった男性たちが出発前に正式な結婚をしようと、将来を誓った相手と共に、続々と結婚登録所を訪れた。

ソ連、ロシアの歴史を通じ、国民を強制的に戦場に送り出す動員が発動されるのは、第2次世界大戦後はじめてだ。これは、市民社会に大きな動揺を広げた。

プーチン氏は、動員の対象となるのは「軍務経験のある予備役」であり、「特別な技能や経験を持つ者が優先される」と述べた。ショイグ国防相は、動員されるのは30万人であり、対象となる可能性がある2500万人のうちの1％強にすぎないと強調した。

しかし、こうした発言が嘘っぱちであることがすぐに明らかになった。

その日を境に起きたことは、無差別な招集だった。高齢者、軍務経験のないもの、持病持ち、父子家庭の父親といった、本来招集から除外されるはずの男たちにも令状が届いた。果ては道を歩いていただけで招集令状を手渡されたといった混乱がロシア各地に広がった。大統領や国防相は嘘をつくつもりではなかったのかもしれない。適格性を欠く者をいくらかき集めたところで、戦力にはならないのだから。

なぜ、こうした混乱が起きたのか。

それは、今のロシアの行政組織には、条件に合致する人材を集めるという基本的作業を行う能力が欠如しているからだ。招集の人数や対象者の条件を決めるのは国防省だが、人を集める実務を担うのは日本の都道府県に相当する連邦構成主体の首長たちだ。だが、彼らの手元には、大統領がいう「特別な技能や経験がある者」のリストなど存在しない。モスクワからは連邦構成主体ごとに招集人数と期限だけが示されたようだ。

首長たちにとって、モスクワからの指示は絶対だ。彼らは形の上では住民（一部は議会）の選挙で選ばれるが、誰を与党の候補者にするかは、大統領府が決める。プーチン氏のめがねにかなわなければ、任期途中でも容赦なく交代させられる。逆に、高い評価を受ければ、中央での昇進の可能性も開ける。

平時の首長たちが気にしているのは、選挙の成績だ。特に、大統領選での投票率とプーチン氏の得票率を上げることに躍起になっている。有権者よりもモスクワの顔色をうかがうことが習い性となっている首長たちが動員の割り当てを受けたのだから、頭の中は人数を揃えることで一杯になったのだろう。

早期にノルマを実現する現実的な手法は、割り当てよりもずっと多い招集令状をばらまくしかない。これが大混乱の原因となった。

社会の雰囲気は一変した。

それは、プーチン大統領が気にかける支持率にも表れている。

レバダセンターが動員決定直後に行った世論調査では、プーチン氏の支持率は77%。ウクライナ侵攻開始後一貫して8割を超えていた支持率が、はじめて下落に転じた。

一見、77%は非常に高い数字に映る。しかし、ロシアのような強権的な国家、しかも戦時という社会の緊張が高まっているときに、「大統領を支持する」という模範解答を拒む人たちが増えたという事実は、重い意味を持つ。

さらに、「模範解答」が存在しない質問は、社会の雰囲気の変化をよりくっきりと浮き彫りにした。

「いずれ総動員が発令されると思うか」という問いに「必ずそうなる」「おそらくそうなる」と答えた人は、66％にのぼった。これは、侵攻開始直後の2月の調査の28％の倍以上の数字だ。

部分動員令発令後、多くの男性がロシア国外に逃れようと、空港や国境に殺到した。でたらめな動員でいつ自分が招集されるか分からないという恐怖ももちろんある。だが、近い将来総動員が導入されれば国境が事実上閉鎖され、国外に出られなくなるという危機感も大きかっただろう。

「最近の気分」を尋ねる調査の結果にも、大きな変化が起きた。それまで7～8割を維持していた「良い気分」や「普通の気分」と答えた人の割合が、突然52％まで落ち込んだ。反対に「緊張」「恐怖」「憂鬱《ゆううつ》」といったネガティブな感情を抱く人が、それまでの2～3割から47％へと急増した。

調査結果は、22年9月から年末にかけて社会が暗い気持ちに包まれたことをはっきりと示している。

一方で私が驚き、同時にがっかりしたのは、22年2月の開戦時には、ロシアでネガティブな感情を抱く人がほとんど増えなかったという現実だ。

あの時私は、自分の体の一部が失われるような沈痛な感覚に襲われた。なのに、そうした気持ちはロシアの人たちにほとんど共有されていなかったとは……。

正直言って、もっとロシアにいる人々に動揺して欲しかったと思う。

部分動員令が引き起こした社会の混乱に懲りたプーチン政権は、その後「これ以上は動員の必要はない」と繰り返して火消しに走った。その効果もあって、良い気分や普通の気分を感じている人の割合は急速に回復した。

その後も戦争は続き、ウクライナの人たちだけでなく、ロシアの若者たちも毎日命を落としている。しかし残念なことに、自分や近しい人たちに危機が迫らなければ、あまり気にしないということを、世論の動きは示している。

プーチン氏が再び大規模な強制動員にでも踏み出さない限り、ロシア社会で反戦の機運が高まることには期待できないのかもしれない。

牙を抜かれたロシアのメディア

少し昔の話をすることをお許しいただきたい。

ソ連崩壊から3年後の1994年12月31日のこと。ロシアのエリツィン政権が、当時ロシアからの独立を一方的に宣言していた同国南部チェチェン共和国の首都グロズヌイへの全面攻撃を開始した（第1次チェチェン紛争）。

作戦開始を前に、当時のグラチョフ国防相は「2時間でグロズヌイを陥落させてみせる」と豪語していた。しかし、チェチェン独立勢力の頑強な抵抗で、ロシア軍は終わりのない泥沼の戦闘に引きずり込まれていく。

徴兵されたばかりの若者たちが次々に前線に送られ、地理を熟知し野戦経験も豊富なチェチェンの兵士に、なすすべも無くむごたらしく殺害されていった。

振り返ると、ロシアによるウクライナ全面侵攻の開戦当初にも似た成り行きだった。だが一つ、今回とは大きな違いがあった。それは、悲惨な戦場の様子を赤裸々に伝えるメディアの存在だ。

このとき私は、ロシア語を学ぶために朝日新聞社からモスクワに派遣され、ホームステイ生活を送っていた。ホストファミリーは母1人、息子1人の母子家庭。母親は、息子が徴兵にとられることを何よりも心配していた。

そんな2人が食い入るように見入っていたのが、93年に設立されたばかりの、ロシアで初めて全国をカバーする民間放送のテレビ局「NTV（ロシア語でHTB）」のニュースや報道解説番組だった。

「NTVを見ないと本当のことは分からない」という母親の言葉は、当時の多くのロシア国民が抱く感想だった。こうした報道の力で、ロシアでは厭戦気分が広がり、エリツィン政権への批判も高まった。

2000年にエリツィン氏の後継として大統領に就任したプーチン氏が真っ先に着手したのが、NTVをはじめとする主要テレビ局への国家統制の強化だった。

プーチン氏は首相に就任した直後の1999年9月、チェチェンへの大規模な再侵攻を主導（第2次チェチェン紛争）。その「成功」によって、国民の人気を得ることに成功した。

そんなプーチン氏にとって、悲惨な戦場の実態を伝える自由なメディアの存在は目障りだったに違いない。

ただし、NTVのチェチェン報道が称賛に値するものだったことは確かだとしても、きれいごとだけでは済まされない面があったことも事実だ。

NTVを設立したウラジーミル・グシンスキー氏は、ソ連崩壊の混乱に乗じて巨万の富を築き、大きな政治力を振るった「オリガルヒ」と呼ばれる新興財閥の1人だ。

エリツィン時代に権勢をほしいままにしたもう1人のオリガルヒ、ボリス・ベレゾフスキー氏も、ロシア公共テレビ（現第1チャンネル）など多くの有力メディアを支配していた。

オリガルヒにとって、支配下のメディアは、自分たちに有利な社会的、政治的状況を作り出す強力なツールだった。

96年の大統領選では、こうしたオリガルヒたちが、エリツィン氏の再選のために支配下のメディアを総動員した。

当時、エリツィン氏の人気は経済的混乱やチェチェン紛争の泥沼でどん底だった。主要メディアの後押しがなければ、共産党のジュガノフ氏が当選した可能性が高い。ロシアに共産党政権が生まれることを懸念した欧米諸国も、オリガルヒの暗躍を見て見ぬふりをした。

だがプーチン氏は、2000年の大統領就任と共に、オリガルヒの政治的影響力の排除に乗り出した。

グシンスキー氏は国家資産詐取容疑で逮捕され、その後隙を見て国外に逃亡。プーチン大統領の生みの親とも言われたベレゾフスキー氏もテレビ局の株を手放し、国外に逃れた。NTVも第1チャンネルも、現在では政権の強い影響下に置かれている。今、ロシアの主要テレビ局で、1990年代のような悲惨な戦争の実態を暴く報道を見ることは想像もつかない。

ただ、プーチン政権誕生後も、2022年に戦争が始まるまでは、ラジオや新聞といったテレビ以外のメディアでは、比較的自由な報道が容認されていた。

ラジオ局「モスクワのこだま」や、タブロイド判の新聞『ノーバヤ・ガゼータ』が代表的な存在だ。

「モスクワのこだま」は、ソ連末期に開局した、ニュースやトークショーが主体の人気ラジオ局。1998年以降同局を率いていた名物編集長アレクセイ・ベネディクトフ氏は政権中枢にも知己が多く、独特の権威を持った存在だった。

米国の要人も、ロシア訪問の際にしばしば「モスクワのこだま」に出演した。

『ノーバヤ・ガゼータ』は、ドミトリー・ムラトフ編集長が2021年にノーベル平和賞を受賞したことで、日本でも広く知られている。ゴルバチョフ元ソ連大統領が出資して1993年に創設された。

プーチン政権の腐敗やチェチェンでの人権侵害を厳しく批判し、2006年に暗殺されたアンナ・ポリトコフスカヤ氏ら、これまでに同紙の記者6人が殺害されている。

こうしたエリツィン時代から活動してきた伝統的なメディアに加えて、近年ではネットメディアやケーブルテレビ局もプーチン政権の監視役として存在感を発揮してきた。

ネットテレビ局「ドーシチ」や、ロシアの隣国のラトビアに拠点を置くニュースサイト「メドゥーザ」が有名だ。

「メドゥーザ」は歴史や文化についての記事も充実しており、開戦前に私が会ったロシアの若手外交官も「『メドゥーザ』はよく見ますね」と話していた。

「モスクワのこだま」『ノーバヤ・ガゼータ』「メドゥーザ」「ドーシチ」などは、しばしば「独立系メディア」として、欧米や日本の報道で引用されてきた。

だがこうした独立系メディアは、ウクライナへの全面侵攻が始まると、即座に弾圧の対象となった。プーチン政権は2022年2月の開戦前から、入念にこうした措置を準備していたのだろう。

「モスクワのこだま」は、「軍事作戦」について虚偽の事実を流したとして、通信規制当局が3月1日にネットを遮断。その2日後には放送停止とラジオ局の解散に追い込まれた。『ノーバヤ・ガゼータ』は、軍に批判的な報道をしたなどの理由で、メディア規制当局から2度にわたる警告を受け、3月28日に活動を停止した。

「ドーシチ」は3月1日に当局がサイトへのアクセスを遮断したことを受けて、3日に活動を停止した。「メドゥーザ」も3月4日にロシアからのアクセスが遮断された。

「モスクワのこだま」のベネディクトフ氏、『ノーバヤ・ガゼータ』のムラトフ氏はいずれも「外国の代理人」に指定された。

ただ、勇気あるロシアのジャーナリストたちが活動をやめたわけではない。「メドゥーザ」は活発に報道を続けているし、『ノーバヤ・ガゼータ』も、国外に逃れた有志がニュースサイト『ノーバヤ・ガゼータ・ヨーロッパ』を立ち上げた。

ロシア語メディアとしては、1946年に始まった英BBCのロシア語放送の流れをくむ「BBCロシア語サービス」も存在感を発揮している。

ロシア政府はこうした独立系や欧米系のサイトをブロックしているが、VPNなどを使って閲覧することは可能だ。つまり一般のロシア人も、我々が目にしているようなロシアに批判的な視点の報道に触れることは可能なのだ。

問題は、今のロシアではこうしたメディアの影響力が極めて限定的だということだ。独立系メディアに接することは可能でも、多くの人々は信頼を置いていない。一方で、プーチン氏が真っ先に目をつけたテレビの影響力は今も絶大だ。

2015年にノーベル文学賞を受賞したベラルーシの作家、スベトラーナ・アレクシエービッチ氏は、『朝日新聞』のインタビューで次のように指摘した。

「私はロシア人を獣にしたのはテレビだと思います。テレビはウクライナを敵として描き、人々を、ウクライナを憎む獣にするために働きかけてきました」「残念ながら、テレビは大きな力です。私たちは甘く見ていました」

『ノーバヤ・ガゼータ』のムラトフ氏は、21年のノーベル平和賞の受賞演説で語った。

「私たちはジャーナリストであり、その使命は明確です。事実とフィクションを見分けることです」

「私たちは進歩のための前提条件であり、独裁政治に対する解毒剤なのです」

ロシアにも戦争反対の声を上げる人々はいる。しかし残念ながら、大多数には解毒剤が届いていないように見える。

ロシアを驚かせたクレムリンへの攻撃

強制動員に続き、ロシアの世論を再び揺るがしかねない事件が、２０２３年５月３日に起きた。２機のドローンが相次いでモスクワの中心にあるクレムリンを攻撃したのだ。

クレムリンは、文字どおりロシアの心臓部だ。

クレムリン、ロシア語で「кремль」は、本来は城塞を意味する。ロシアの多くの都市に、クレムリンがある。カザン、ノブゴロド、スズダリのクレムリンは、モスクワのクレムリンと並んで、世界遺産として登録されている。

クレムリンの最初の文字を大文字にして「Кремль」と書くと、それはモスクワの歴史的建造物を意味するだけでなく、ソ連・ロシアの政権中枢の代名詞となる。

モスクワのクレムリンは、南北に長い楕円《だえん》形に広がる都市部のちょうど中心に位置している。歴史的経緯に即して言えば、最初にモスクワ川のほとりに木製の城壁に囲まれたとりでが築かれたのは12世紀のことだという。その後長い年月をかけてクレムリンは現在の

クレムリン大宮殿のアレクサンドルの間。外国大使の信任状捧呈（ほうてい）式などの儀式の際に使われる＝2016年４月、駒木明義撮影

ような強固な要塞へと変貌し、都市がその周りに同心円状に成長していったということになる。

クレムリンの中にあるのは大統領の執務室だけではない。さまざまな国家行事が行われるクレムリン大宮殿、かつてソ連共産党大会が開かれ、大規模なコンサート会場としても使われる国立クレムリン宮殿、歴代皇帝が戴冠《たいかん》式を行った聖堂、墓所、宝物庫などが並んでおり、一つの小都市と言ってもよい規模だ。

地下には核戦争にも耐えるシェルターが張り巡らされ、秘密の地下鉄駅まであると言われている。一般に「メトロ２」と呼ばれているその地下鉄は、かつてソ連国家保安委員会（ＫＧＢ）の本部だった連邦保安局（FSB）本部や、モスクワ郊外のブヌコボ空港をクレムリンと結んでおり、モスクワが攻撃にさらされた場合に政権幹部らの移動に使われるという。

英国の歴史学者キャサリン・メリデール氏は、著書『クレムリン』（白水社）の中で、次のように書いている。

「クレムリンには確かに人を引き込む魔力がある」

「伝説に満ちたロシア国家の化身である」

「国家としてのロシアが力と正統性を誇示してきた舞台である」

さて、23年5月3日のドローン攻撃である。

この攻撃について、ロシアはウクライナがプーチン大統領の殺害を狙って攻撃したと主張。一方、ウクライナ側は関与を否定した。ウクライナへの攻撃の口実を作るためのロシアによる自作自演説も飛び交うなど、情報が錯綜した。

私自身は、攻撃当初から、ロシアによる自作自演の可能性は低いと考えていた。

クレムリンは単なるプーチン大統領の執務室ではない。ロシアという国家の権威そのものを象徴する場所だ。その権威を自ら傷つけるようなことをするわけがないだろうというのが私の直感だった。

実際、私が知る限り、ロシアの主要テレビ局のニュース番組は、クレムリンの上空でドローンが爆発する衝撃的な映像を使わなかった。アナウンサーが「プーチン大統領を狙ったドローンは2機とも迎撃された」と口頭で説明しただけだった。こうした報道からは、クレムリンが直接攻撃にさらされている様子を国民の目に触れさせたくないという、政権の意図を感じた。

仮にロシア側による自作自演だとすれば、考えられる理由は主に2点。1点目は、国内の緊張を高め、さらなる動員の口実にする。2点目は、報復を理由に、ウクライナの首都キーウの心臓部への大規模な攻撃をしかける。

しかし、事件後もこうした動きは起きず、国内での報道も尻すぼみとなった。ロシアの権威そのものを傷つけることを狙った勢力が行ったのではないかというのが、私の見方だ。

米紙『ニューヨーク・タイムズ』は5月24日になって、ウクライナの特殊軍事部隊か情報部隊が計画した可能性が高いという、複数の米当局者の見解を報じた。

ただ、仮にプーチン氏が攻撃当時クレムリンにいたとしても、あの規模の爆発で命を狙うことは不可能だった。攻撃側もそのことは承知の上で攻撃に及んだはずだ。クレムリンがぶざまに攻撃される様子を拡散し、ロシア側を揺さぶるのが狙いだったのではないか。

ここで、クレムリンの安全確保策がいかに徹底されたものか、個人的に経験した例を紹介したい。

それは、カーナビなどで使われるGPSが、クレムリンの近くで正しい場所を示さなくなるという現象だ。

こうした現象が起きることは、16年ごろからモスクワ市民の間で話題になっていた。次ページに示した写真は、16年11月4日に私が撮影したものだ。

背後に見える、たまねぎのような屋根が特徴的な建物は、有名な聖ワシリー大聖堂。モスクワ中心部、クレムリンに隣接する赤の広場に立っている。

ところが私が手にしたスマホの地図アプリの現在位置（写真のスマホ画面左側、真ん中からやや下付近の●）は、南西に約30キロ離れたブヌコボ空港を示している。

単にGPSを妨害する「ジャミング」ではなく、まったく異なる位置だと誤認させる「スプーフィング」と呼ばれる高度な電波工作だ。

クレムリンは常時、GPSスプーフィングをしているわけではない。プーチン大統領が

クレムリン周辺でGPSが誤作動する様子。モスクワ中心の赤の広場前にいるのに、携帯電話の地図アプリの現在位置を示す丸印は、南西に約30キロ離れたブヌコボ空港を示している＝2016年11月４日、駒木明義撮影

クレムリンの屋外の公式行事に出席するような際にこうした現象が起きるようだ。

私が写真を撮影した11月４日は、ロシアでは「民族統一の日」と呼ばれる祝日で、プーチン氏は赤の広場で行われる関連行事に出席していた。

この日、地図アプリを開いて徒歩で赤の広場に近づいていくと、●の印は現在位置を見失ったかのように地図内を落ち着きなくあちこち飛び回るなど、挙動が不安定になり、最終的にブヌコボ空港を示して落ち着いた。

ＧＰＳを誤作動させる狙いは、ドローンなどによる攻撃を回避することにあるだろう。現在地を空港だと誤認させる理由は、多くの市販のドローンにはあらかじめ主要な空港などの位置情報が入力されており、付近を飛行できないようにしているからではないかと見られている。

その後も私は、17年5月9日の対ドイツ戦勝記念日など、プーチン氏が屋外に出る機会に、同じ現象が起きるのを確認してきた。

その後、サンクトペテルブルクやソチなど、プーチン氏がよく訪れる都市で、同じようなＧＰＳスプーフィングが行われるようになった。23年5月のクレムリンへのドローン攻撃以降は、日常的にモスクワ中心部でＧＰＳが不正確になる現象が報告されている。

ウクライナの戦場でも、ロシアはＧＰＳ妨害を多用している。ドローンだけでなく、米国提供の高機動ロケット砲システムＨＩＭＡＲＳ《ハイマース》なども、誘導にＧＰＳを使用している。ウクライナ側も対策を進めているが、ロシア側の妨害で標的を外す例も起きているという。

人だけではなく、兵器も認知を巡る戦いの対象となっているのだ。

ワグネルが浮き彫りにした無法国家ロシア

２０２３年６月23日、ロシアと世界を驚かせる大事件が起きた。ロシアの民間軍事会社「ワグネル」を率いるプリゴジン氏が、ロシア軍に対する軍事蜂起を宣言し、モスクワに向けて部隊を進めたのだ。プリゴジン氏は、ショイグ国防相とゲラシモフ参謀総長の解任を要求した。しかしプーチン氏はこうした動きを「裏切り」と断じ、要求を突っぱねる姿勢を鮮明にした。

翌日プリゴジン氏は一転して、反乱軍を撤収させて自身はベラルーシに亡命するという、政権から示された選択肢を受け入れた。

プリゴジン氏のような怪物が生まれ、政権からもてはやされ、さらには見放され、死に至った経緯は、今のロシアの政治状況を端的に浮き彫りにしている。それは、法律よりも上位に、プーチン氏を頂点とする人による統治が君臨しているという実態だ。

プリゴジン氏は、1961年生まれ。プーチン大統領と同じく、ロシア第2の都市サンクトペテルブルクの出身だ。若いころに強盗や詐欺の容疑で9年間服役した過去を持つ。

しかしプリゴジン氏、商才には恵まれていた。90年にサンクトペテルブルクでホットドッグの販売店を立ち上げて、大ヒットさせたのだ。

90年といえば、ソ連におけるマクドナルドの1号店がモスクワでオープンし、多くの市民が押し寄せた年だ。ロシアに広がる欧米のファストフード文化へのあこがれを機敏にとらえて、ホットドッグに着目したところに、プリゴジン氏の才能を感じる。

プリゴジン氏は97年には、サンクトペテルブルクで水上レストランを開店した。パリで人気の店を模したということで、ここでも抜け目なさを発揮した。

そのころモスクワの副市長を務めていたプーチン氏は、ここが大変に気に入ったようで、大統領就任後の2001年にはフランスのシラク大統領、02年には米国のG・W・ブッシュ大統領と、ここで食事を共にしている。03年には、自身の誕生祝いをこのレストランで開いたという。

プリゴジン氏はその後、ロシアの学食事業や軍へのケータリング事業に参入して富を築いたとされる。プーチン氏との個人的つながりがなければ考えられない成功だった。「プーチンの料理人」というプリゴジン氏のあだなは、こうした経歴に由来する。

プリゴジン氏が民間軍事会社ワグネルを立ち上げたのは、ロシアがクリミア半島を占領した14年ごろとみられている。正規軍を送れない場所での軍事作戦に従事させようというプーチン氏の意を受けた計画だった。

プリゴジン氏の名前が世界に広く知られるようになったのは、18年のことだ。トランプ米大統領が誕生した16年の大統領選をめぐる「ロシア疑惑」で、米特別検察官に起訴されたロシア国籍の13人の中に、プリゴジン氏の名前があったのだ。

サンクトペテルブルクの「インターネット・リサーチ・エージェンシー（IRA）」という会社を拠点に、ツイッター（現X）やフェイスブックを使い、トランプ氏への支持を誘導したというのが、プリゴジン氏にかけられた容疑だ。

18年には、もう一つ大きな事件が起きた。中央アフリカ共和国でワグネルの活動を取材していたロシア人ジャーナリスト3人が襲撃され、殺害されたのだ。

このころ、プーチン氏は記者会見などの場でたびたびワグネルやプリゴジン氏について聞かれている。どう語ってきたのかを見てみよう。

18年3月、米国のテレビ局にプリゴジン氏について聞かれた際には、以下のように答えている。

「私はその人物を知っているが、友人のリストには入っていない」

「そういうビジネスマンはいる。彼は外食産業やそのほかの事業に従事しているが、国家官僚ではないので、我々とはなんの関係もない」

「そのほかの事業」というところがなんとも意味深長ではある。

同年12月の記者会見で、「プーチンの料理人」というプリゴジン氏の異名について聞かれたプーチン氏は、次のようにはぐらかした。

「私の料理人は全員、連邦警護局の職員だ」

ワグネルについても、ひとごとのように語った。

「ワグネルが何か違反をしているというのであれば、検事総長が法的評価を下すだろう」

「ロシアの法律に違反していないのであれば、彼らは世界のどこでもビジネスを展開し、利益を追求する権利がある」

プリゴジン氏もワグネルも、自身や政府とは何の関係もないというのが、プーチン氏の一貫した主張だった。

そもそも、「民間軍事会社」は、ロシアでは違法とされている。この点については、2020年にベラルーシでワグネルの戦闘員32人が一時的に拘束された際のペスコフ大統領報道官のコメントが象徴的だ。

「PMCワグネルってなんですか？　ロシアでは法的に『PMC（民間軍事会社、ロシア語でЧВК）』のような概念は存在しない。PMCってなんですか？」

これほど白々しくとぼけられるというのが、ロシアの報道官に求められる資質なのかもしれない。ちなみに、このとき身柄を拘束された32人は、アフリカのスーダンでの工作に従事していたと見られている。

プリゴジン氏とワグネルの「日陰者」のような立場は、22年のウクライナ侵攻開始を機に、大きく変わっていった。

プリゴジン氏がワグネルの創設者であることを初めて公に認めたのは、22年9月のことだ。この直前には、プリゴジン氏らしき人物がロシアの刑務所で雇い兵を募集している動画が報じられていた。囚人を雇って戦場に送るだけでなく、将来の恩赦を約束するプリゴジン氏のふるまいは、プーチン氏との個人的な関係がなければ、とても許されることではなかった。

11月には、サンクトペテルブルクに「PMCワグネルセンター」という看板を掲げた公式事務所を開設。翌月には法人として正式に登記された。PMCを名乗っているものの、登記上の業務としては、さすがに軍事部門は書かれておらず、経営コンサルティング、出版、技術開発、船舶や航空機のリースなどとなっていた。

12月に、プーチン氏はウクライナに近いロシア南部軍管区の司令部を訪れ、功績のあった兵士たちに勲章を授与した。翌年、このうちの1人が元囚人のワグネルの戦闘員だったと判明する。

「ワグネルってなんですか?」ととぼけていたペスコフ氏は、手のひらを返して「我が軍の英雄もワグネルの英雄も知っている」と持ち上げた。

ペスコフ氏は4月になると、息子のニコライ氏がワグネルの義勇兵としてウクライナの戦闘に参加したことを明らかにした。

ニコライ氏は22年9月にロシアで部分動員令が出た際に、父親の名前を出して動員を逃れようとしたとされる音声が流出するスキャンダルに見舞われており、名誉挽回を図ったようだ。その後、実は参戦していなかったという疑惑も持ち上がった。それはともかく、大統領報道官の息子が兵役先に正規軍ではなくわざわざワグネルを選んだところに、ワグネルを持ち上げる政権の意図が感じられる。

ついにプーチン氏本人が、ワグネルを称賛する機会が23年5月に訪れた。ウクライナ東部の要衝バフムートをロシア側が制圧したと発表した際、ワグネルの名前に言及して功績をたたえるメッセージを発表したのだ。

大統領からの「お墨付き」は、プリゴジン氏を増長させる決定打になったようだ。

プーチン氏は00年の大統領選挙に立候補する際「民主主義とは法の独裁であって、法を守るべき者による独裁ではない」と主張していた。それから20年余り。ロシアは「法の独裁」どころか、すっかり「プーチンの独裁」になってしまったという実態を、プリゴジン氏とワグネルの存在が浮き彫りにした。

ワグネルへの高い支持

「プリゴジンの乱」をめぐって、レバダセンターが、いくつかの興味深い結果を発表している。それをもとに、ロシア社会が今回の反乱をどう受け止めているのかについて、考えてみたい。

レバダセンターは23年6月22日から28日にかけて、月例の世論調査を実施した。

民間軍事会社ワグネルを率いるプリゴジン氏が武装蜂起を宣言したのが23日の夜。プーチン氏がこれを「裏切り」「反逆」と断ずるビデオ演説を公表したのが、24日朝のことだ。同日夜には、モスクワまで約200キロまで迫っていたワグネルの部隊が撤退を開始し、反乱は収束に向かった。

つまりレバダセンターは、ワグネルについての質問が盛り込まれていた6月の世論調査を、プリゴジンの乱の発生から収束を含む期間に行っていたわけだ。このため期せずして、反乱の影響を読み取れるデータが得られることになった。

この調査では、プリゴジン氏の活動を支持するかどうかを質問している。調査期間ごとの結果は、以下のようなものだった。

反乱前(6月22~23日)

完全に支持	30%
どちらかと言えば支持	28%
どちらかと言えば不支持	6%
完全に不支持	10%

反乱後（6月25～28日）

完全に支持	11％
どちらかといえば支持	18％
どちらかと言えば不支持	15％
完全に不支持	32％

反乱前に58％だったプリゴジン氏の支持率は、反乱後に29％に急落した。とは言っても、約3割もの国民が、国家反逆の首謀者を支持しているということで、これは非常に高い支持率ではないだろうか。

その理由はいくつか考えられる。

プーチン氏が反乱後も、ビデオ演説などでプリゴジン氏を名指しで批判しなかったこと、反乱前は国営メディアに登場する評論家らが、プリゴジン氏やワグネルを英雄視して絶賛していたこと、などだ。

調査では、プリゴジン氏を支持すると答えた人を対象に、その理由についても聞いている。

最も多かったのが「事実を語っている。率直で開けっぴろげで正直な人物だから」という理由で、27%。2番目が「優れた指導者であり、責任を負っており、自立した強い人格を持ち、国民を団結させられる」で、23%という結果だった。

野蛮で恐ろしさを感じさせるようなプリゴジン氏の言葉遣いや風貌が、ロシアではむしろ好感や信頼の対象となっている面があるようだ。

それだけではない。プリゴジン氏は、かねて、ロシア軍の上層部や国内のエリート層を厳しく批判してきた。例えば23年5月には、ウクライナ軍の士気や戦闘能力の高さを評価し、ロシアでは一般家庭の子供が戦地で命を落としているのに「エリートの子供はぜいたくでのんきな生活を送っている」と主張した。

こうした批判が、ロシア国民からは「よくぞ言ってくれた」という思いで受け止められている面があるようだ。

この点では、反乱終結後の6月28日~7月1日にかけてレバダセンターが行った緊急世論調査が興味深い。

この調査では、プリゴジン氏が直近の数カ月にわたって、ロシア軍とウクライナでの作戦指揮を厳しく批判し、無能ぶりや腐敗、損害の過小発表を非難してきたことを紹介した上で「そうした批判が妥当かどうか」を尋ねている。

その結果は以下のようなものだった。

完全に妥当	16%
ある程度妥当	30%
あまり妥当ではない	18%
全く妥当ではない	12%

反乱が不発に終わった後も、プリゴジン氏の軍批判を妥当だと考える人が、そうではないと考える人を大きく上回っていた。これは、ウクライナでの軍事作戦の失敗を決して認めようとしないプーチン政権からすれば、危険さえ感じられる結果だろう。

「政権はウクライナ侵攻について不都合な事実を隠している。プリゴジン氏は軍の無能さを暴露する勇気ある人物だ」という考えが、ある程度浸透しているように見えるのだ。

同じ調査では、ウクライナ侵攻でワグネルが果たした役割についても、肯定的な評価（65%）が否定的な評価（13%）を大きく上回った。

プーチン政権は、国家に弓を引いた重罪人のプリゴジン氏を逮捕するどころか、刑事的な責任を問うことなく捜査を終結させた。こうした異例の判断の背景には、プリゴジン氏を処罰して国民の反発や動揺を招くような事態を回避したいという思惑もあったように思う。

日本では、反乱収束後のプリゴジン氏の所在をめぐる謎や、ロシア軍の中にあってプリゴジン氏と近い存在と目されてきたスロビキン副司令官が反乱に関わった疑いについてのニュースが盛んに取り上げられた。

ロシアでの報道ぶりは、これとはまったく異なっていた。国営テレビは、プリゴジン氏が刑事責任に問われなかった事実や、軍の内部に協力者がいた可能性などについて、まったくと言ってよいほど伝えていない。

その代わり、事件収束後に繰り返されたのは、プーチン氏が地方視察で大歓迎されたニュースや、その際にプーチン氏と会えなかったと泣いていた子供をクレムリンに招いたといったニュースだ。

めくらましとも言えるような国内世論対策で、プリゴジンの乱やワグネルを持ち上げたり落としたりした政権のていたらくから国民の目をそらそうとした様子がうかがえる。

プリゴジンの死

プリゴジン氏の最期はあっけなかった。反乱から2カ月となる2023年8月23日、プリゴジン氏が搭乗したビジネスジェット機がモスクワ北西のトベリ州で突然墜落したのだ。

これを単なる事故だと思う人間は皆無だったろう。その証拠に、機体を製造したエンブラエル社の株価はこのとき、ぴくりとも動かなかった。だれも機体に問題があるとは思わなかったのだ。

プリゴジン氏の死を巡って何よりも異例だったのは、プーチン大統領の対応だ。墜落した翌日の8月24日、プーチン氏は2分余りにわたって彼を悼むコメントを動画で公表したのだ。

プーチン氏が誰かの死について、動画で弔意を示すのは極めてまれで、よほど近しい友人に限られる。数少ない例外の1人が、23年6月12日に死亡したイタリアのベルルスコーニ元首相だ。

ベルルスコーニ氏は、各国の首脳の中でもプーチン氏と個人的に極めて親しかったことで知られている。プーチン氏は死亡の当日、国営テレビを通じて、在りし日の功績をたたえた。

ちなみに、やはりプーチン氏と親しかった日本の安倍晋三元首相が22年7月に殺害された際には、プーチン氏は遺族に弔電を送っただけだった。

ベルルスコーニ氏についての動画でもプーチン氏は「私たち国民の偉大な友人だった」

とは述べたものの、個人的な親交について語ることはなかった。

ところが、プリゴジン氏についてはまったく違った。

プーチン氏は「プリゴジン氏のことを私は随分前から、1990年代初頭から知っていた」と、初めて明かした。

この言葉の持つ意味は重い。プリゴジン氏は、プーチン氏がまったくの無名だった時代からの友人だということだ。大統領の権威をあてに近寄ってきた連中とはわけが違う。

前述のようにプーチン氏は2018年にプリゴジン氏について聞かれたときは「私はその人物を知っているが、友人のリストには入っていない」と語っていた。やはりあれは嘘だったのだ。

2人が知り合った1990年代初めは、プーチン氏にとって極めて厳しい時期だった。KGBの要員として東ドイツのドレスデンに勤務していたプーチン氏は、東西冷戦終結を受けて90年に故郷のサンクトペテルブルクに帰国した。

海外駐在のKGB要員にとって、モスクワへの転勤こそが高い評価の証しだと考えられていたが、プーチン氏はそうはならなかった。こぎれいなアパートと自家用車を持つ駐在員生活から、日用品を買うにも長い行列に並ぶ庶民同様の生活に転落した。

そんな混乱の中、外食産業やカジノ経営でサンクトペテルブルクをのし上がりつつあったプリゴジン氏と、プーチン氏は深い親交を結んだのだ。プリゴジン氏は当時、まだ30そこそこだ。

プーチン氏は動画で、こんな思い出も語っている。

「彼の人生は複雑な運命に彩られ、大きな過ちも犯したが、自分自身のために、また私が頼んだときには共通の仕事のために、結果を出してきた」

プーチン氏はここで、プリゴジン氏に個人的に仕事を依頼してきたことを認めている。これまた初めてのことだ。

2023年6月の「プリゴジンの乱」の際に、プーチン氏は国民向けビデオメッセージで「国と国民への背後からの攻撃だ」と厳しく断罪した。

しかしそうした怒りは、8月24日の動画からは完全に姿を消していた。

プリゴジン氏について語るプーチン氏の表情は沈痛そのものだった。その言葉が世間を欺くためのきれいごとだったとは、私には思えない。

プリゴジン氏との個人的な関係を告白することは、反乱を招いた責任が自らにあることを認めるに等しい。しかしプーチン氏には、そんなことを気にしているそぶりも見えなかった。

おそらくプリゴジン氏にしても、プーチン氏との個人的信頼関係が自らの身の安全を保

サンクトペテルブルク郊外のプリゴジン氏の墓所に立てられた銅像＝2024年６月５日、駒木明義撮影

証すると、最後の瞬間まで信じていたのではないだろうか。

だからこそ、プリゴジンの乱が失敗した後も、ベラルーシ、ロシア、アフリカを自由に行き来していたのだ。

私自身、プーチン氏とプリゴジン氏との深くて長い関係を考えれば、直ちに命を奪うことは避けるだろうと予測していた。プリゴジン氏を襲った事件は、私の予想を裏切るできごとであり、その意味でも大きな衝撃だった。

ウクライナの特殊部隊やロシア国内の反政権グループの犯行という可能性も考えられなくはないが、もしもそうした兆候があったなら、ロシアの政府系メディアは大々的にそうした説を流していただろう。

実際、プーチン政権に近い政治評論家の1人は事件当日にウクライナ犯行説を唱えたが、その後は沈黙に転じた。この件については軽々しい発言を慎んだ方が良いということに気がついたに違いない。

プーチン氏は10月になって、遺体から手榴弾の破片が見つかったと説明。機内で起きた事故が墜落原因だったという考えを示した。一方で米紙『ウォールストリートジャーナル』は12月、西側の情報機関やロシアの元当局者の話として、パトルシェフ安全保障会議書記が指示した暗殺だったという見方を報じた。プリゴジン氏の自家用ジェットがモスクワの空港で待機している際に主翼の下に小型爆弾が仕掛けられたという。

消去法で考えると、やはりＦＳＢやロシア軍の参謀本部情報総局（ＧＲＵ）といったロシアの特殊部隊が関与した疑いが強まる。

その場合、直接指示したのがパトルシェフ氏だったとしても、プーチン氏の承認なしに実行できる計画ではない。つまり、プーチン氏は自らの友人を消去することを認めた可能性が高いのだ。

ではなぜ、このタイミングだったのだろうか。

一つのヒントになるのが、プリゴジン氏と共に搭乗していたワグネルの幹部、ウトキン氏とチェカロフ氏の存在だ。

ウトキン氏はワグネルの生みの親といってもよい大物だ。GRUの将校出身で、退役後にシリアなどで雇い兵部隊を率いた経験を持つ。

そもそも「ワグネル」という組織名自体、ウトキン氏のかつてのコードネームだった。ネオナチ思想に傾倒していたウトキン氏は、ヒトラーが愛した作曲家リヒャルト・ワーグナーの名をコードネームに選んだとされている。「ワグネル」はワーグナーのロシア語での発音だ。

軍事の素人のプリゴジン氏に代わって、実際にワグネルの部隊の指揮をとっていたのがウトキン氏だ。

軍事部門のトップを務めていたウトキン氏に対して、チェカロフ氏は、ビジネス部門のトップだ。兵器の調達やアフリカの資源利権などを仕切っていたと見られている。

2人ともプリゴジン氏の側近で、米国による資産凍結などの制裁対象になっている。

つまり搭乗機の墜落で、ワグネルはトップ3を一気に失ったことになる。

「ワグネル」の看板は残ったとしても、これでまったく異なる組織に生まれ変わったと言ってよいだろう。軍を批判して反乱を起こし、政権の権威を傷つけるようなワグネルは姿を消した。

事件の直前、プリゴジン氏らは、アフリカを訪れていた。英国の調査報道グループによると、西アフリカのマリで地下資源などの利権をGRUに引き継ぐための交渉をしていたという。そんなビジネス面の存在感も失うことになりそうだ。

ではプーチン氏にとって、ワグネルの解体は、権力基盤の盤石化を意味するのだろうか。短期的にはそうかもしれない。しかし、このできごとはプーチン氏の心の奥底に、消しがたいしこりを残したのではないだろうか。

旧知の友人だったプリゴジン氏が悲劇的な死を遂げた原因は、本来非合法の民間軍事会社を委ね、さらにウクライナでの作戦に従事させるというプーチン氏自身の決断の結果だ。自分が大統領になるなど夢にも思っていなかったころからの友人を死なせたことが、独裁者プーチン氏の孤独をいっそう深めたことは間違いない。そんなプーチン氏に冷静な判断を期待することはますます難しくなっているのではないだろうか。

第4章

世界から見えるロシア

日ロ平和条約を巡る根本的な見解の相違

ロシアの侵略戦争は、ロシアという国と今後どう付き合っていったらよいのかという問題を世界の国々に突きつけている。もちろん日本も、例外ではない。

戦争が始まって2年が経過したころ、ロシアの外交関係者と話をする機会があった。とても日本の事情に詳しい人物だ。そのときに、こんなことを言われた。

「もしも今、ロシアと日本の間に平和条約があったとしたら、日本は大変でした。米国に言われて、ロシアに制裁しなければならない。だけどそれは条約違反になってしまう。頭が痛いことになっていましたね」

とても奇妙な発言だ。確かにロシアがウクライナへの全面的な侵略を始めた際、日本はG7と足並みをそろえて、速やかに対ロ制裁に踏みきった。岸田文雄首相が2024年4月に訪米した際に、バイデン米大統領はこれを高く評価した。

しかし、仮に日本がロシアと平和条約を結んでいたとしても、侵略行為を批判するのは至極あたりまえで、とやかく言われる筋合いはないはずだ。

実はこの外交関係者の発言の背景には、日本とロシアの根本的な見解の相違があるのだ。

まず、日本の考え方を整理しておこう。

第2次世界大戦が終わって80年が経とうとしているのに、日本とロシア（終戦時はソ連だった）は、まだ平和条約を結んでいない。その原因は、両国間の領土問題が解決していないためだ。

日本は、現在ロシアが実効支配している択捉、国後、歯舞、色丹の四島を「北方領土」と称して、返還を要求している。

日本政府は公式には認めていないが、18年11月、安倍晋三首相（当時）は4島返還を断念して、歯舞、色丹の2島の引き渡しだけを求めるという譲歩案に転じ、プーチン大統領に示した。

4島か2島かはともかく、領土問題さえ解決すれば、日本とロシアは平和条約を締結できるというのが、日本側の考え方だ。

一般に、戦争後の平和条約には、以下の3点が盛り込まれる必要があるとされている。

1．当事国間の外交関係の回復
2．賠償問題の解決
3．領土問題の解決

このうち1点目と2点目は、1956年に結ばれた「日ソ共同宣言」で既に解決済みだ。このときに解決出来ず、今も残されている懸案は3点目。つまり領土問題を解決するのが平和条約の唯一最大の目的だというのが、日本の一貫した立場だ。

しかし、ロシア側の現在の主張は、これとはまったく異なるのだ。

この点について、私は2016年1月の記者会見で、ラブロフ外相に直接質問したことがある。

「日本側は平和条約締結と領土問題の解決をシノニム（同義語）だと考えているが、ロシアは領土問題が存在しないと考えているように思える」

私がこう指摘したのに対して、ラブロフ氏は「私たちは平和条約と領土問題の解決をシノニムとは考えていない」と断言した。

ラブロフ氏はそのうえで、日本が第2次世界大戦の結果を認めることが平和条約の大前提だと主張した。つまり、平和条約を締結する際には、四島をソ連が占領し、それをロシアが継承している現状を受け入れろ、という主張だ。この立場は、18年11月に安倍氏が2島返還路線にかじを切っても、変わることはなかった。

さらに近年のロシアは一貫して、平和条約にはロシアと日本の幅広い善隣協力関係を盛り込む必要があると主張している。実際ロシアは、領土問題よりもそちらの方が重要だと考えているようだ。

プーチン氏自身、18年9月に領土問題と平和条約を切り離すアイデアを安倍氏に示した。まずは平和条約で日ロ間に「友人同士」の関係を作り、それを土台に領土問題を解決しようというのだ。

しかし前述のように、領土問題の解決策を含まないような条約は「平和条約」の名に値しないというのが、日本の主張だ。

このように、そもそも「平和条約」が何を意味するかについて、日本とロシアの考えがまったく異なるのだ。

ロシアが言う「幅広い善隣協力関係」や「友人同士の関係」が具体的に何を意味するのかは必ずしも明瞭ではない。ただ一例として、かつて私がロシア側の関係者から聞かされたアイデアがある。

「平和条約に『日本とロシアは、第三国との関係で起きたことを理由にして、相手に対して敵対的な政策をとらない』という条項を盛り込めれば、とても意義深いのではないか」

今となってみると、これはとても意味深長な内容である。もしも日本がこんな内容を含む条約をロシアと結んでいたら、ウクライナ侵略後も、日本は対ロ制裁に踏み切れなかったかも知れない。油断も隙もないとはこのことだ。

冒頭で紹介したロシアの外交関係者の「平和条約があったら日本は困ったことになっていた」という発言の背景には、どんな場合でも日本がロシアに友好的な姿勢を示すことを約束すること、有り体にいえばロシアのやることを日本が邪魔できないようにするのが平和条約、という考え方があるのだ。

そもそも「平和条約」などという言葉を使うから、混乱や行き違い、さらにはつけいられる隙が生じるのかもしれない。将来ロシアと結ぶ条約は、単に「国境画定条約」とでも呼ぶことにしたらいいのではないか——そんなことを考えたくなる。

この点で、参考になる実例がある。エストニアとロシアの国境画定交渉だ。

エストニアは、バルト3国の一番北に位置している。第1次世界大戦後の1918年に独立を果たしたものの、40年にソ連に併合されてしまう。さらに第2次大戦が終わった45年に、ソ連の指導者だったスターリンによって、領土の一部をロシアに奪われてしまった。これは、当時はソ連の中での線引きの変更だった。

固有の領土をロシアに奪われたと考えている点で、北方領土問題を抱える日本とエストニアは共通している。

エストニアはソ連が崩壊した91年に独立を回復。その後に北大西洋条約機構（NATO）

や欧州連合（EU）に加盟し、ロシアと厳しく対峙している。

そんなエストニアは2014年、ロシアとの国境画定条約に署名した。実は両国がこうした条約に署名するのはこれが2回目のことだった。

最初の条約に両国が署名したのは、05年のことだ。このときエストニア政府は、1945年にロシアに奪われた領土の返還を断念した。ロシアから返還される見通しがまったくないこと、ロシアとの国境が未画定で領土紛争を抱えていることはNATO加盟の障害にもなり、安全保障上望ましくないと考えたことが、譲歩に踏み切った理由だった。

エストニア議会はこの決断を受け入れる一方で、条約批准の際に、かつての領土が正当だったという見解を議決した。

ところがロシアがこの議決に反発して条約の批准を拒んだため、交渉は仕切り直しとなってしまった。

その後の交渉で、条約に新たな条文を追加して、国境を決めるための純粋に技術的な性格という位置づけにすることで、2014年になんとか再署名にこぎ着けたのだった。

もっともこの新しい条約も、同年クリミアを占領したロシアに対してエストニアが制裁を科したことにロシアが反発し、再び批准されないまま、今も中ぶらりんになっている。

この経緯は、仮に領土で全面的に譲っても、少しでもロシアに気に入らないことがあれば条約の締結は困難だという実態を示している。

そもそもプーチン氏は侵略戦争を正当化する理由として「（ソ連崩壊時に）ロシアがウクライナ独立を受け入れたとき、それが友好的な国家だということが、当然の前提だった」と繰り返し主張している。

要するに、ロシアにとって気にくわない事態が起これば、政府間の国境合意を破る口実になるということだ。

これでは日本がロシアと平和条約を結んでも、ロシアに批判的な政策をとればいつでも「あれは無しね」と言われかねない。

もちろん今は、ロシアとの間で平和条約交渉を進められる状況ではない。でもその間に、過去の交渉を検証し、将来の交渉の進め方について考えておくことは、決して無駄にはならないだろう。

浮き彫りになった日ロの幻想

2023年3月、岸田文雄首相がウクライナのキーウを訪問した。

岸田氏のキーウ訪問を、ロシアの主要テレビ局はほとんど報じなかった。無理もないことだ。ちょうど同じタイミングで、中国の習近平国家主席がモスクワを訪問したのだ。習氏は2日間にわたってプーチン大統領と首脳会談を行い、友好関係をうたい上げた。

中ロ首脳会談についての報道があふれかえる中、岸田首相のキーウ訪問に気づいた一般のロシア人は少なかったというのが実情だろう。

そんな中で私の目にとまったのが、ロシアの国営通信社「ノーボスチ」が3月23日に配信した1本の論評記事だった。

タイトルは「日本はウクライナのわなにはまった」。

まず興味を引かれたのは、記事の筆者だった。ピョートル・アコポフ氏。「ノーボスチ」で頻繁に論考を発表している著名なコラムニストで、プーチン政権の考えを代弁していると目されている人物だ。

彼の名前が広く知られるようになったのは、22年2月26日、ロシアによるウクライナ侵攻直後のことだった。ロシアが勝利を収めたという前提でアコポフ氏が書いた論文を、「ノーボスチ」が誤って公式サイトに掲載してしまったのだ。

この原稿は、私たち伝統的なメディア業界でいうところの「予定稿」だった。例えば選挙のときなどに、私たちはあらかじめ、A候補が勝った場合とB候補が勝った場合、両方の予定稿を用意しておく。結果が判明した段階で、実現した方の原稿を使うというわけだ。

プーチン氏勝利の予定稿の中で、アコポフ氏は、ウクライナ侵攻の大義がロシア人、べラルーシ人、ウクライナ人という「ロシア民族」を一つにまとめることにあったと主張している。さらに「ウクライナは造り替えられ、ロシア世界の一部という自然な状態に戻されるだろう」と勝利の意義を強調していた。

ウクライナのNATO加盟阻止というのは二義的な問題であり、侵攻の真の狙いはウクライナをロシアの一部、有り体に言えば属国にすることにあるというアコポフ氏の主張が、プーチン氏の本音と重なっていることは、その後のプーチン氏の言動が物語っている。

さて、そのアコポフ氏が、岸田氏のキーウ訪問をどう評価しているのかを、以下に見ていこう。

ここで断っておくが、私はアコポフ氏の主張に同意しているわけではないし、「だから岸田氏はキーウに行かない方が良かった」と言いたいわけでもない。むしろ逆だと言ってもよい。

ロシアが日本をどういう目で見ているのかを知る手がかりとして、彼の論考をご紹介するという点、ご理解いただきたい。

アコポフ氏は、論考を以下のように書き出している。

「ロシアと2回戦火を交えた日本が、今やウクライナの特別なグローバルパートナーとなった。これは冗談ではない。岸田首相がキエフ（キーウ）を訪問した結果である」

「西側とロシア・中国のグローバルな対立の中で、日本は歴史的な選択をした。その結果を元に戻すことは不可能ではないにしても、極めて困難だ」

岸田首相がキーウを直接訪問してウクライナを支える姿勢を示したことで、日本は中ロ側ではなく西側に立つことを最終的に決定した、というのがアコポフ氏の評価だ。

ここで疑問が浮かぶ。「歴史的な選択」というけれど、日本はとっくに西側に追随する道を選んでおり、米国と対立してまで、ウクライナ問題で中ロ側に立つことなどありえなかったのではないか、ということだ。

アコポフ氏自身、この問題を提起した上で以下のように説明する。

「日本の姿勢は最初から決まっていたのではないか？　実は、違うのだ」

そこでアコポフ氏が例に出すのが、安倍元首相が進めた対ロ接近だ。

「米国に完全に依存しつつも、日本は近年、自立を強めようとしていた。中国、北朝鮮、韓国といった隣国との関係が悪い地域で、日本がより安心を感じるために必要な、ロシアとの関係改善もその一つだった」

「もちろん、ロシアとの和解の試みは、安倍氏の個性と結びついていた」

私自身、モスクワ特派員時代に安倍氏について「米国の意向に逆らってロシアと関係改善しようとしている」と高く評価する見方をロシア政府関係者などから何回も聞かされた。

そのたびに私は「それはロシア側の幻想に過ぎない」という感想を抱いたものだ。

アコポフ氏の記事を読む限り「米国の言いなりにならない安倍氏」への幻想は、今も根強く残っているようなのだ。

さて、これに続くアコポフ氏の議論をまとめると、おおむね以下のような内容だ。

- 日本は今後数十年にわたり、主権を完全に回復する可能性を失い、ロシアや中国との対立を深めるだろう。
- 日本はウクライナ紛争に関与するほど、中国との関係が悪化する。なぜなら、ロシアと中国は世界的な問題で今後ますます足並みをそろえるからだ。
- 日本は、世界的な覇権を維持しようとする米英などのアングロサクソンに使い捨てにされる運命にある。

アコポフ氏は、論考を以下のように締めくくる。

「日本の指導者たちはこのことを理解できるだろうか？　残念ながら、安倍氏の暗殺以降、その可能性は限りなく低い。今の日本には独立した思考という点で安倍氏に匹敵する人物はいないのだ」

安倍氏への高い評価に改めて驚かされる。しかし、やはりそれは誤解に基づくものだと言わざるを得ない。安倍氏が対米自立を模索していたという見方は、現実からかけ離れているだろう。

「ロシアと対立すると、対中関係も悪化するぞ」というアコポフ氏の警告も、日本側にはまったく響かない理屈だ。

22年12月に改定された国家安全保障戦略（NSS）は、中国を「これまでにない最大の戦略的な挑戦」と明記している。日本にとってはロシアよりも、軍事的に急速に台頭する中国の方こそが安全保障上の深刻な問題として位置づけられているのだ。

そもそも安倍氏が対ロ関係打開を目指した理由の一つは、ロシアを日本側に引き寄せて、中国への接近を防ぐことにあった。

もっとも、中ロ接近を阻めると日本が考えたとすれば、これもまた幻想と言ってよい。

安倍政権時代の対ロ外交が一時的であってもうまくいきそうに見えたとすれば（私は一貫して懐疑的だったが）、「日米間にくさびを打ち込める」というロシアの幻想と、「中ロ間にくさびを打ち込める」という日本の幻想が重なったところに浮かんだ蜃気楼のようなものだったのではないだろうか。

明らかになった安倍対ロ外交の実態

ロシアのウクライナ侵略を招いた一因は、2014年のロシアによるクリミア占領とウクライナ東部への軍事介入を多くの国が過小評価したことにあるだろう。確かにロシアは当時の主要8カ国（G8）の枠組みから追放され、欧米や日本からいくつかの経済制裁を科せられた。しかし、それらはみな中途半端なものだった。欧州はひき続きロシアのエネルギーに依存する道を選んだ。

欧米は繰り返しウクライナ東部を巡る停戦を定めたミンスク合意を履行するようロシアに求めたが、クリミアの占領については既成事実として事実上黙認した。こうした対応がプーチン氏に「次もやれる」と思わせてしまった。

その意味で、日本は他の欧米諸国よりも罪が一段重いかもしれない。当時の安倍首相が、北方領土問題の解決と平和条約の締結を求めて、プーチン氏に露骨にすり寄ったからだ。形だけの経済制裁を科す一方で、8項目の経済協力プランをロシア側に提案。16年には、ロシアへの経済協力を担当する大臣ポストまで新設したのだった。経済制裁を科している相手への協力を担当する大臣を置くというのは、控えめにいってもねじれた政策だろう。

安倍氏が進めた当時の対ロ外交について、私なりに検証したのが『安倍 vs. プーチン　日ロ交渉はなぜ行き詰まったのか?』(筑摩選書、2020年)だ。

23年になって、新たな重要資料が登場した。ベストセラーになった『安倍晋三回顧録』(中央公論新社)がそれだ。安倍氏はこの中で、プーチン氏と切り結んだ交渉の内幕をあけすけに語っている。

『回顧録』には、プーチン氏の名前が計79回登場する(インタビュアーの言及や目次などを含む)。トランプ米大統領の218回は別格としても、それに次ぐ回数であり、安倍氏がプーチン氏との平和条約交渉にどれだけ力を入れていたかを物語っている。

だが、安倍氏が本書で語っている認識の多くは、現実からかけ離れていると言わざるを得ない。

一番の問題点は、2島返還による北方領土問題解決が実現しかけていたと安倍氏が本気で考えていたところだ。

安倍氏は18年11月のプーチン氏とシンガポールで行った首脳会談で、従来の4島返還要求から2島路線に舵を切る。

さらに両氏はこの年の12月、ブエノスアイレスで顔を合わせる。このときの会談について、安倍氏は以下のように語っている。

「この時が、安倍政権の中で日露が最も近づいた時だったと思います。本当に2島返還の

東方経済フォーラム全体会合での演説を終え、ロシアのプーチン大統領（右）と握手を交わす安倍晋三首相＝2019年9月5日、ロシア・ウラジオストク、岩下毅撮影

合意に向けたチャンスだったのですが、19年になって外相や次官級の協議になったら、ロシアは原理主義に戻ってしまいました」

「この時まではとても順調に進んでいたのですが、年が明けて2019年に、いざ交渉が始まると、ラブロフ（外相）とモルグロフ（外務次官）は協議をぶちこわしていくわけです」

果たしてそうだろうか。ロシアの権力構造から言って、外相が大統領の決断に逆らうことなどあり得ない。22年2月までは「ロシアにはウクライナを攻撃する意図などない」と主張し、3月以降は、前言と矛盾することをまったく気にすることなく「ロシアはこうするしかなかった」と主張するのが、ロシアの外交官の役割だ。

そもそもプーチン氏自身が、公の場で日本に2島を引き渡す考えを示唆したことは一度もないのだ。

安倍氏は、19年になってからロシア側が「第2次大戦の結果、北方四島は正当にロシア領になったと認めろ」と突然言い出したかのように証言している。これも事実誤認だ。これは、ロシアがこれまで再三繰り返してきた主張だ。

要は、安倍氏は「2島ならプーチン氏は乗ってくるだろう」という根拠のない甘い見通しに基づいて交渉を進めたのだ。

これ以外にも『回顧録』では、驚くような交渉の実態が明かされている。ここでは、このうちの2点を取り上げよう。

まず1点目。もしも北方領土を日本に引き渡したら、そこに米軍基地が置かれる可能性があるのではないかという、プーチン氏が示した懸念に対する安倍氏の対応だ。

『回顧録』によると、安倍氏は18年11月の首脳会談の際に、次のように言ってプーチン氏を説得した。

「私とトランプ（米大統領）の極めて良好な関係を考えれば、仮に私とウラジーミル（プーチン）との間で『米軍基地を北方領土には置かない』と約束しても、トランプが怒ることはないでしょう」

信じがたい発言だ。「仮に」とは言っているが、これでは返還後の領土に米軍基地を置かないと約束しているに等しい。

安倍氏自身が認めているように、そうした約束を前もってロシアとすることは、日米安保条約や日米地位協定に照らして問題があるというのが、従来の日本政府の見解だ。それを変更しようというのに、条約の一方の当事者である米国とすりあわせた形跡もない。

さらに、これほど重要な約束を担保するのが、トランプ氏との「極めて良好な関係」ということにも驚かされる。

トランプ氏が怒らなければ、条約を曲げても米国が問題にしないと本気で考えたのだろうか。トランプ氏は永遠の大統領ではないということだけを考えても、プーチン氏がそんな言葉に納得させられるはずもない。

安倍氏によると、このときプーチン氏は「分かりやすい。問題ない」と応じたという。しかし、首脳同士の個人的な関係を信じ切っている安倍氏の甘い思考回路が「分かりやすい」と言ったのではないかと勘ぐりたくなる。

実際プーチン氏は、安倍氏の説明を聞いてから1カ月あまり後の記者会見で、北方領土に将来米軍基地が置かれる可能性について聞かれて、以下のように答えている。

「日本がそのような決定に関与できるかということについて、我々には分からない。謎である」

「平和条約締結後に何が起きるのか、我々は知らない」

安倍氏の説明をプーチン氏がまったく信用していなかったことが、この発言から分かる。これでは稚拙な交渉だったといわれてもしかたがないだろう。

次に、稚拙の2点目を見てみよう。やはり18年11月の首脳会談でのできごとだ。

安倍氏の2島返還路線への方針転換の根拠となったのが、1956年の日ソ共同宣言だ。この宣言には、ソ連が歯舞、色丹の2島を日本に引き渡すという約束が書かれている。ただ引き渡しには、以下のような条件が付されている。

「ただし、これらの諸島は（中略）平和条約が締結された後に現実に引き渡されるものとする」

56年当時のソ連は、2島の引き渡しには応じる姿勢だった。ただし、あくまでそれを実現するのは平和条約締結後のことだと主張した。一方日本は4島返還を主張し続けたため、平和条約が結ばれることも、2島が返還されることもなく、今に至っている。

『回顧録』によると、シンガポールの会談で、安倍氏はプーチン氏に「日ソ共同宣言のプロセスを完成させるため」の交渉を始めるという合意文を提案した。ところがプーチン氏が拒否したため、結局「日ソ共同宣言を基礎に」交渉を始めるという表現に落ち着いたというのだ。

これは、極めて意味深長なやりとりだ。というのも、プーチン氏はかねて日ソ共同宣言について、以下のような独自の解釈を示してきたからだ。

「2島について、宣言にはいつ、どんな条件で、どちらの国の主権下で引き渡すかは書かれていない。これらすべてが交渉の対象となる」

安倍氏の提案通り「プロセスを完成させる」ということになれば、これらの問題をすべて解決して、56年宣言第9項に書かれているように「現実に引き渡される」ところまで進めなければならなくなる。

プーチン氏はそうした約束を避けるために、安倍氏の提案に異を唱えたのではないだろうか。

『回顧録』によると「プロセスを完成させる」という表現をプーチン氏から拒否された安倍氏は、自身の通訳を務めていた外務省のロシア課課長補佐に相談。「共同宣言を基礎に」という表現ではどうかと提案され、それを採用したのだという。

一方、『北海道新聞』の検証によると、「共同宣言を基礎に」という表現は、ロシア側から示されたという。

いずれにしても、「日ソ共同宣言のプロセスを完成させる」という当初の日本案は、プーチン氏の拒否であっさりと覆されたのだ。これによって、合意の文言は、将来の日本への引き渡しをまったく約束していない内容に変えられてしまったのだ。

これも驚くべき証言だ。プーチン氏の異議に込められている意図をまったく警戒することなく、一介の通訳官との相談で文言を根本的に変えてしまったというのだから。

普通であれば、こうした重要な合意についての表現ぶりは、外務省の国際法局長や条約課長を交えて慎重に検討するはずだ。

安倍氏自身は自覚していなかったようだが、プーチン氏に手玉に取られたと言わざるをえない。

ロシアはウクライナ侵攻開始後の2022年3月、日本との平和条約交渉を打ち切ると一方的に宣言した。しかし前述のような経緯を見れば、もともとロシアには日本が受け入れられるような交渉をする気はなかったのだろう。

当面交渉の再開が望めない今こそ、落ち着いてこれまでの稚拙な交渉を検証するべきだ。

その際、これまでの経緯について、国会や国民への十分な情報開示が必要だ。「交渉の途中で手の内を明かすと相手を利することになる」という、よく聞かされる言い訳は通用しない。これまでに見てきたような経緯は、ロシア側は安倍氏から聞かされて十分に知っているからだ。日本の国民だけが蚊帳の外に置かれている、極めて不健全な状況だ。

学級崩壊状態? かつての仲間たちの反乱

プーチン大統領は偉大なロシア世界の復興を自らに課せられた歴史的使命だと信じて、ウクライナで泥沼の侵略戦争を続けている。しかし皮肉なことに、かつてソ連を構成していた国々の間では、プーチン氏の威光は、急速に衰えつつある。

かつてのプーチン氏だったら考えられないような光景が繰り広げられた。

2023年5月25日にモスクワのクレムリンで開かれた、ユーラシア経済連合の首脳会議のことだった。

ユーラシア経済連合は、プーチン氏がEUを模して旧ソ連の国々に広げようとしている経済協力の枠組みだ。今のところロシア、ベラルーシ、カザフスタン、キルギス、アルメニアの5カ国が加盟している。

5月25日の首脳会議には、5首脳に加えて、アゼルバイジャンのアリエフ大統領がプーチン氏に招かれて出席していた。

各国首脳が一通り発言を終えて、議長を務めるプーチン氏が会議を締めくくろうとしたときのことだった。

「すみませんが、ちょっとよろしいですか」

口をはさんだのは、アルメニアのパシニャン首相だった。

パシニャン氏が持ち出したのは、隣国のアゼルバイジャンとの間で抱えるナゴルノ・カラバフ問題だった。

ナゴルノ・カラバフは、カスピ海西側のアゼルバイジャン国内にあって、隣国アルメニア系の住民が多く住んでいた地域だ。1980年代後半にソ連のゴルバチョフ書記長が進めた政治・言論活動の自由化を受けて、住民たちがアルメニアへの帰属替えを要求。91年にはソ連崩壊を前に、一方的に独立を宣言した。

ソ連崩壊後も、ナゴルノ・カラバフは長い間アゼルバイジャン、アルメニア両国間の紛争の火種となってきた。この地域とアルメニアを結ぶ唯一の陸路「ラチン回廊」をアゼルバイジャンが封鎖して、アルメニア系住民が人道上の危機にさらされているというのが、パシニャン氏の主張だった。

実はこの発言は、二重の意味でプーチン氏のメンツを丸つぶしにするものだった。

第1の理由は、元々この首脳会議の終了後に、プーチン氏、パシニャン氏、アリエフ氏の3者会談が予定されていたということだ。テーマはもちろん、ナゴルノ・カラバフ。パシニャン氏の問題提起は、本来ならその場で持ち出すべき内容だった。

プーチン氏の仲介を信用していないという不満を公衆の面前でぶちまける意図が、パシニャン氏にはあったのだろう。

第2の理由は、ラチン回廊の通行管理はロシアの平和維持部隊が担当することが、関係国による合意で決まっていたことだ。つまり、アゼルバイジャンが回廊を封鎖しているという批判は、とりもなおさずロシアが責任を果たしていないことへの苦情を意味するのだ。

プーチン氏を遮ったパシニャン氏が批判したかったのは、アゼルバイジャンよりもむしろロシアだったのだろう。さらに、それをメディアに公開されている場面で世界に発信する意図もうかがえた。

パシニャン氏の不規則発言に対して、アリエフ氏も反論。プーチン氏が不快そうに顔をゆがめたり苦笑いしたりする中、2人は約13分も口論を続けた。

最後にアリエフ氏が笑顔でプーチン氏に「このぐらいにしておきましょうか」と語りかけ、プーチン氏が「そうですね。できるなら、この辺でやめましょう」と応じて、長いやり取りはようやく終わりを告げた。

浮き彫りになったのは、旧ソ連の国々の中でのプーチン氏の権威の失墜だった。

プーチン氏が途中で口にした「この話はこの後3人で続けましょう」という呼びかけを無視した点では、アリエフ氏もパシニャン氏と同様だった。

さらに私の印象に強く残ったのは、同席していた中央アジアの大国カザフスタンのトカエフ大統領の表情だ。

予想外のなりゆきにハラハラするどころか「めったにない見ものだ」とでも言いたそうな、実に愉快そうな笑顔を浮かべていたのだ。

壮麗なクレムリンの大広間に集まった6首脳の中央に陣取ったプーチン氏は、まるで学級崩壊になすすべもない、おじいちゃん先生のようだった。

アルメニアのロシア離れは、プーチン氏にとって極めて深刻な意味を持つ。

アルメニアはユーラシア経済連合だけでなく、ロシア主導の集団安全保障条約機構（CSTO）にも加わっている。

かつてソ連を構成していた国の中でも、アルメニアがベラルーシと並んでロシアと最も緊密な関係を結んできたのは、ひとえにナゴルノ・カラバフ問題でロシアの支援が必要だからだった。

ロシアからみれば、アルメニアは何もしなくてもついてくる安パイのような存在だった。この様相が一変するのは、2020年に起きたアゼルバイジャンとの軍事衝突だった。

ときロシアは1994年に合意された停戦ラインを破って攻撃するアゼルバイジャンを止めようとしなかった。

結果としてアルメニアは、26年間維持してきたアゼルバイジャン領内の占領地を大幅に失うことになった。ラチン回廊がナゴルノ・カラバフとアルメニアをつなぐたった一本の「への緒」となってしまったのも、このときのことだ。

なぜロシアはアルメニアを助けなかったのだろうか。同盟国としての防衛義務を負うのはアルメニア本国の領土だけだから、というのが当時のロシアの主張だが、これは見え透いた言い訳だ。

たとえば2008年8月、ジョージアが自国領内の未承認国家「南オセチア共和国」の奪還を試みた際、ロシア軍は南オセチアの領域外にまで軍を進め、ジョージアの首都トビリシまで後一歩のところまで迫った。20年のケースでも、ロシアにその気さえあれば、ナゴルノ・カラバフやその周辺からアゼルバイジャン軍を真剣に追いだそうとしただろう。

ジョージアの例が示すように、ロシアが支援する旧ソ連圏の未承認国家（南オセチア、アブハジア、沿ドニエストル、ナゴルノ・カラバフ）は、ロシアにとっては国内にそれらを抱える国、つまりジョージア、モルドバ、アゼルバイジャンを威嚇、牽制《けんせい》するための道具として機能してきた。

プーチン氏がアルメニアを助けなかった背景には、パシニャン首相への個人的反感があったとみられる。

パシニャン氏は、ジャーナリスト出身で、政治犯の撲滅を訴えて政治の世界に飛び込んだ。街頭で反政権デモを繰り返す市民の後押しで、18年に政権の座についた。市民の力による政権打倒を嫌悪するプーチン氏とは、水と油の存在だ。

20年の敗戦で、パシニャン政権は弱体化するかと思われたが、翌年に繰り上げ実施した議会選挙で大勝した。ロシアへの失望が国民世論に影響した可能性がある。

国内の足場を固めたパシニャン氏は、23年5月22日、大胆な一歩を踏み出す。アルメニア系住民の安全が保証されるなら、ナゴルノ・カラバフをアゼルバイジャン領として認める用意があると表明したのだ。

いつまでもナゴルノ・カラバフにとらわれてロシア依存を続ければ、アルメニアに将来はないと考えたのかもしれない。ロシアによる大義も展望もないウクライナ侵攻が、こうした考えを後押ししたことに疑いはない。

結局、ナゴルノ・カラバフ紛争は学級崩壊事件から5カ月後の23年10月、終結に向かうことになる。ロシアの同盟国アルメニアが、アゼルバイジャンに完敗するという結果となった。

9月19日、アゼルバイジャン軍がナゴルノ・カラバフに対する総攻撃に踏みきった。ナゴルノ・カラバフは翌日には早くも「停戦」という名の全面降伏を決断。ナゴルノ・カラバフの「大統領」は、年内に自分たちの政府機関を解散し、アゼルバイジャンの統治を受け入れることを発表した。

10万を超えるアルメニア系住民が故郷を離れてアルメニアへの避難を始めた。

前述のように20年の紛争で、ロシアは、アルメニアからの支援要請に応じず、アゼルバイジャンの攻撃を真剣に止めようとしなかった。

アルメニアはこれ以降、急速にロシア離れを進めた。

14年にロシアがクリミア併合を宣言した際、それを無効だとする国連総会の決議に、アルメニアは反対票を投じた。しかし22年3月、ロシアのウクライナ侵略を厳しく批判して即時撤退を求める決議では棄権に回った。

23年に入ってからも、アルメニアはプーチン氏に逮捕状を出した国際刑事裁判所（ICC）への加盟手続きを進め、9月11～20日には米国との軍事演習を実施して、ロシアの強い反発を招いた。

アゼルバイジャンによるナゴルノ・カラバフへの総攻撃は、こうした中で起きた。アゼルバイジャンは、ロシアから妨害されないことを確信していたのだろう。むしろロシアが

「やるなら今」とそそのかした可能性さえある。

ただ、ロシアがアルメニアを懲らしめようとしたのだとしても、招いた結果はさらなるロシア離れだ。

パシニャン氏は24年6月、ついにロシア主導のCSTOからの脱退方針を明言した。ロシア、ベラルーシ、アルメニア、カザフスタン、キルギス、タジキスタンの6カ国体制だった同盟の枠組みは、5カ国に減少する見通しだ。

これは、ウクライナの政権を罰しようとして始めた戦争が、ウクライナのロシア離れを決定的にした経緯にも似ている。「プーチン氏には戦術はあっても戦略がない」としばしば言われるのはこうした点だ。

基本的な価値観を共有していない国同士の同盟関係は機能しないどころかむしろ危険だということも、ナゴルノ・カラバフが私たちに教えてくれる重い教訓と言えるだろう。

ロシアと距離を置く国々

パシニャン氏とアリエフ氏の論争中に笑顔を見せていたカザフスタンのトカエフ大統領も、ウクライナ戦争勃発後はプーチン氏と距離を置く発言が目立つ。

2022年6月には、ロシアが4カ月前のウクライナ全面侵攻開始に先立って独立を承認したウクライナ東部のドネツク州とルハンシク州について、カザフスタンは独立を承認しないことを、プーチン氏の面前で明言した。

同年10月には、やはりプーチン氏がいる場で、地域の国境問題について「友情、信頼、善隣の精神に基づき、国際法と国連憲章の原則を厳格に順守し、平和的手段によって解決すべきだ」と主張した。名指ししたわけではないが、聞いている者はみな、ウクライナの領土を武力で切り取るプーチン氏への批判だと受け止めた。

プーチン氏がこの1カ月前の9月に強制的な部分動員に踏み切った際、戦場に送られることを恐れた多くの男性が、国外に逃れようと、国境や空港に列を作った。

トカエフ氏はこのとき「彼らの多くは絶望的な状況でロシアを離れざるを得なかった。我々は彼らの面倒をみなくてはならない」と述べた。プーチン氏から見れば裏切り者であり臆病者の脱出者を、温かく受け入れる姿勢を示したのだ。

2023年11月9日、プーチン氏はカザフスタンの首都アスタナでトカエフ氏と首脳会談を行った。その後の共同記者会見の冒頭、トカエフ氏は突然、カザフ語で話し始めた。

「まず、私たちの公式訪問の招待を受けて、本日カザフスタンに来てくださったことに、感謝申し上げたい。今年は両国の21世紀に向けた善隣友好条約署名10周年にあたり、訪問は大変意義深いことと受け止めています」

プーチン氏のほか、ラブロフ外相、ペスコフ大統領報道官は一瞬虚を突かれたような表情をした後、慌てて同時通訳用のイヤホンを取り出して、耳に装着した。

誰も、トカエフ氏がカザフ語を使うことを予期していなかったのだ。

カザフスタンの大統領がカザフ語を話すことは当たり前に思えるかもしれない。しかし、これは異例なことだった。カザフスタンは旧ソ連圏の国でもロシア語が今でも普及しており、特にロシア側との会談の場合はロシア語を使うことが慣例となっている。ロシア側は誰ひとり、そのことを夢にも疑っていなかった。その事実が、プーチン氏らの慌てぶりで浮き彫りになった。

トカエフ氏は、あえて共同記者会見の場でカザフ語を使うことで、ロシア側の常識を揺さぶろうとしたのだろう。カザフスタンはカザフ語を母語とする独立国家で、ロシアに従属する存在ではないのだ、と。

冒頭の挨拶の後、トカエフ氏は涼しい顔で言語をロシア語に切り替えて、話を続けた。

中央アジアでは、タジキスタンのラフモン大統領もプーチン氏に苦言を呈した。22年10月の国際会議の機会に「我々は（人口が）1億人も2億人もいるわけではないが、敬意は払ってもらいたい」「旧ソ連のように中央アジア諸国を扱わないでほしい」と、プーチン氏に直接訴えた。

かつてソ連の一部だった国々を自らの勢力圏とみなして「ロシアに従って当然だ」と言わんばかりのプーチン氏に対する、強烈な異議申し立てだった。

とはいえ、中央アジアの国々は、今もロシアとの経済的、人的なつながりが深い。欧州からは地理的に遠く、EU加入を目指すのも非現実的だ。彼らにロシアとの関係を断ち切るという選択肢はない。

だが、逆にだからこそ、ロシアによるウクライナ侵攻に誰よりも迷惑を被っていると言える。ロシア経済の落ち込みは自国経済を直撃する。欧米の対ロ制裁に巻き込まれることへの恐怖も大きい。

また、こうした国々の多くは、伝統的にウクライナとも友好関係を維持してきた。事前に何の説明もなくウクライナ侵攻に踏み切ったプーチン氏への不信感は根強い。

さらに、急速に経済力を強めている中国が存在感を増していることが、ロシアの言いなりになる必要性を減じているという事情も見逃せない。

ここで少々乱暴かもしれないが、かつてソ連を構成していた国々を、ロシアとの関係が悪い順にまとめてみよう。

戦争中：ウクライナ

EUとNATOに加盟し、西側のメンバーとなった国：エストニア、ラトビア、リトアニア
EU加盟を申請している国：モルドバ、ジョージア
EU入りは申請していないが、ユーラシア経済連合にもCSTOにも加盟していない国：アゼルバイジャン、ウズベキスタン、トルクメニスタン
ユーラシア経済連合には加盟しているがCSTOから脱退しようとしている国：アルメニア
ユーラシア経済連合やCSTOに加盟しているが、首脳がプーチン氏への不満を示した国：カザフスタン、タジキスタン
表だったロシア批判は控えている国：キルギス
ロシアとの「連合国家」を構成する国：ベラルーシ

ウクライナ侵攻を批判する国連総会の決議で、ロシアと足並みをそろえて反対票を投じたのは、ベラルーシだけだ。

プーチン氏も、ロシアへの態度に応じて、対応を変えている。そのことが浮き彫りになるのが、毎年5月9日の対ドイツ戦勝記念日にプーチン氏が各国に送る祝電だ。

12年に大統領に復帰してからプーチン氏は毎年、旧ソ連を構成していた15カ国のうち、バルト3国を除く12カ国に宛てて祝電を送っている。基本的には首脳宛てなのだが、ジョージアだけは国民宛てだった。政権は悪くても、国民を嫌っているわけではないというプーチン氏の評価を示す意図が込められている。

08年の軍事衝突を機に、ロシアがジョージアと国交を断絶していることが、こうした使い分けの理由だ。

ところがプーチン氏は、ウクライナで親ロ派のヤヌコビッチ政権が崩壊し、ロシアがクリミアを占領した14年以降、ウクライナについても祝電の宛先を「国民」に「格下げ」した。

さらに23年5月の祝電では、ウクライナは宛先から完全に姿を消した。全面侵攻を開始した時点では「悪いのはロシアに逆らうゼレンスキー政権で、国民は悪くない」という立場だったプーチン氏が、頑強な抵抗を受けて「国民も悪い」と考えるに至った様子が見て取れる。

また23年からは、急速にロシア離れを進めるモルドバも宛先が「首脳」から「国民」に格下げとなった。

ロシアの側から見て、味方だと思える国がどんどん減っているのが実情だ。

プーチン氏はかつてソ連の崩壊を「20世紀最大の地政学的悲劇」と呼んだ。歴史の歯車を逆転させようと、ウクライナ侵略を始めたが、近隣国のロシア離れを加速するという皮肉な結果を招いているのだ。

旧ソ連圏で進む孤立は、欧米との対立よりもむしろ、プーチン氏に大きな心理的痛手を与えているのではないだろうか。

アフリカの苦言

2023年7月27、28の両日、プーチン氏の出身地であるサンクトペテルブルクで、ロシア・アフリカ首脳会議が開かれた。ロシアからの食料援助をちらつかせて、アフリカの国々を味方に取り込もうとする思惑が込められた会議だった。

ところが、4年前の前回会議では43人のアフリカ諸国の首脳級が参加したのに、23年は17人と大幅に減った。

欧米が出席しないよう圧力をかけたとロシアは主張するが、ウクライナで続く戦争を懸念し、ロシアと距離を置く国が多かったのだろう。

アフリカの国々は、ウクライナ侵略に起因する食料価格の高騰に苦しんでいた。世界有数の穀物輸出国であるウクライナからの輸出が大幅に減ったのが原因だ。

それなのにロシアは、この会議を前に、ウクライナから黒海を経由して穀物を安全に輸出するための合意から一方的に離脱。その後も、ウクライナの穀物貯蔵庫や輸出拠点への攻撃を続けて、ウクライナからの穀物輸出を根絶やしにしようとした。

開戦後、ウクライナからの穀物輸出ルートは主に3通りあった。前記の黒海ルート、陸路でポーランドなどへ運び出すルート、そしてドナウ川沿いの港から積み出して、ルーマニアやブルガリアの黒海沿岸を経由して輸出するルートだ。

しかしロシアは、ドナウ川沿いの積み出し港も攻撃の対象とした。

ロシアは、黒海合意からの離脱の理由を「ロシアからの穀物や肥料の輸出が進んでいないから」だと説明した。仮にそうだとしても、ウクライナからの輸出を武力で阻止することが許されるはずがない。

実は統計をみると、ロシアからの穀物や肥料の輸出は比較的順調に推移しているという専門家の指摘もある。要するにロシアの狙いは、ウクライナを経済的に締め上げることにあるのだ。

そんな身勝手な理由で世界の食料事情を悪化させているロシアの振る舞いを、多くの国は苦々しく思っている。

サンクトペテルブルクの会議で、南アフリカのラマポーザ大統領はプーチン氏に以下のように直言した。

「私たちはアフリカへの『プレゼント』を求めてここに来たのではない」

「あなたがアフリカへの穀物の無償提供を表明したことには敬意を払うが、それは私たちの主な目的ではない」

「プレゼントが欲しいのではない」という発言からは、ロシアの「食料をめぐんでやる」と言わんばかりの上から目線に対する反発が感じられる。

実はプーチン氏自身、欧米の「上から目線」に対する不満をぶちまけたことがある。15年4月にロシアで放映されたドキュメンタリー番組の中で、以下のように語った。

「彼ら（欧米）は、私たちが人道支援を必要としているような時だけ、私たちを好きになるような印象がある。『よしよし、それならジャガイモを送ってやろう』というわけだ」

弱みにつけ込んでまるで保護者のように振る舞い、言うことを聞かせようとする欧米の態度を、自尊心の強いプーチン氏は何よりも嫌っていた。それなのに、自らはアフリカに対して同じように振る舞い、不快感を広げているように見える。

黒海経由の穀物輸出を求めているのはアフリカだけではない。政治、経済両面でロシアの頼みの綱となっている中国も、開戦1年の節目となった23年2月に発表した12項目の「和平案」の第9項で「ロシア、トルコ、ウクライナ、国連が署名した黒海食料輸送協定の包括的かつ効果的な実施」を求めた。

プーチン氏はアフリカ首脳らとの会議で、軍事協力の拡大にも意欲を示した。この分野で暗躍してきたのが、ロシアの民間軍事会社ワグネルだ。

政情不安の国や強権的な政権に入り込み、特殊部隊や軍事顧問を提供するかわりに、地下資源などの利権を得てきたとされる。民間人殺害などの人権侵害への関与も疑われている。

食料や軍事力の提供と引き換えにアフリカへの浸透を図るロシアの手法は、プーチン氏が欧米を批判するところの新植民地主義と変わらない。

しかし残念ながらプーチン氏からは、自らの言行不一致を気にするそぶりはみられない。

国連総会決議が示したロシアへの「支持」

ロシアは、国際社会で孤立を深めている。一方で、欧米先進国の二重基準への冷ややかな視線が、グローバルサウスと呼ばれる新興諸国に広がっていることも事実だ。

2023年10月10日、国連総会で興味深い投票が行われた。国連人権理事会の新しい理事国に、ロシアを選ぶかどうかが問われたのだ。

国連人権理事会は、世界の人権状況を監視・調査する役割を担う国際機関だ。06年に発足。個別の人権侵害事案に対して決議を採択したり調査委員会を立ち上げたりするほか、国連の全加盟国について、定期的に人権状況についてのリポートを作成している。

理事国は、立候補した国を対象にした国連総会の投票で選ばれる。任期は3年間。毎年、47カ国の理事国のほぼ3分の1が改選される仕組みだ。地域が偏らないように、世界を5地域にわけて、それぞれに理事国数が割り当てられている。

ロシアはもともと、20年の選挙で当選しており、21〜23年の理事国を務める予定だった。ところが22年に始まったウクライナ全面侵攻、中でも首都キーウ近郊のブチャでの一般住民虐殺が発覚したことをきっかけに、国連総会の決議によって理事国の資格を停止させられたのだ。任期途中の資格停止は、カダフィ政権末期のリビアに対して11年に決議されて以来、2例目のことだった。

それから1年あまり。ロシアが24〜26年の理事国の座を求めて立候補したことは、私にとって耳を疑うできごとだった。

ブチャだけでなく、ロシアはウクライナで数々の非人道的な行為を行っている。一般住民の殺害、捕虜の虐待や拷問、原発への攻撃と占領、民生用の電力インフラの破壊など枚挙にいとまが無い。組織的な子供の連れ去りでは、国際刑事裁判所（ＩＣＣ）からプーチン大統領に逮捕状が出ている。まるで戦争犯罪のデパートだ。そんな国が、世界の人権状況のお目付け役を担おうとするなんて。

　結論から言えば、案の定というべきか、国連総会で行われた投票で、ロシアは落選した。東ヨーロッパに割り当てられた２カ国の枠に当選したのはブルガリアとアルバニアだった。ロシア外務省は声明を発表。「ワシントン、ロンドン、ブリュッセルとその同盟国が汚い反ロシアキャンペーンを行い、国連加盟国は前例のない圧力をかけられ、しばしば政治・経済的な脅しも受けて、ロシアの理事国復帰が阻止された」と、欧米を非難した。

　しかし、内心ではロシアは「悪くない結果だった」と受け止めているのではないかと私は思う。なぜならロシアの理事国復帰に、83もの国が賛成票を投じたからだ。

　ロシアの理事国資格停止を決めた22年４月の決議採択の際には、24カ国が反対した。１年半後、その３倍以上の国が復帰に賛成したことになる。

　国連加盟国数１９３の過半数97には届かなかったものの、それに近い数の国が「ロシアに人権理事国の資格あり」と判断したことに、ロシアは意を強くしただろう。もともと、本気で当選できるとは考えていなかっただろうし。

　具体的にどの国がロシアの復帰に賛成したのかは不明だ。なぜなら、通常の国連総会決議案への投票とは異なり、人権理事会の理事国選挙は秘密投票で行われるからだ。

公開投票よりも秘密投票の方がロシアへの支持が増えたという事実は、深刻な意味を帯びている。

ロシア外務省が声明で用いた「圧力」や「脅し」という言葉が適切かどうかはともかく、欧米の主要国はロシアの復帰に賛成票を投じないよう他国に働きかけていた。公開投票の場合、そうした大国の意向に配慮した投票行動を取る国が一定数あることは、否定できない事実だ。

つまり、公開投票でロシアの資格停止に反対した国数の24よりも、ロシアの復帰に賛成した83の方が、より国際社会の本音を反映した数字である可能性が高いと言えるのだ。

一方で、83カ国すべてがロシアのウクライナ侵攻を支持していると考えるのも早計だろう。

83という数字があぶり出したのは、米国に代表される西側諸国が人権を振りかざして他国の内政に口を出す「上から目線」や、相手国との関係次第で人権を持ち出したり持ち出さなかったりする「二重基準（ダブルスタンダード）」に対して反感を抱いている国が多いという実態ではないか。

ロシアは23年10月の投票を前に「人権理事会が、特定の国々による政治的意思に奉仕する道具と化す傾向を強めるのを防ぐことが重要だと考える」と主張して、支持を呼びかけた。

要は、欧米が人権を振りかざして新興国や途上国に圧力をかける風潮に歯止めをかけるためには、ロシアが理事国に入っていた方がよいという理屈だ。これがある程度受け入れられた面は否定できない。

ここで特に問題となるのが米国の振る舞いだ。中東問題での一貫したイスラエル寄りの姿勢、実際には存在しなかった大量破壊兵器開発計画を理由に始めたイラク戦争、アフガニスタン攻撃で引き起こした膨大な民間人の犠牲などで、これまでアジア、中東、アフリカを中心とする多くの国々に抜きがたい不信感を植え付けてきた。

ロシアはこうした感情を、自国に有利な国際世論作りに利用しようとしている。

プーチン氏は23年10月5日、世界の有識者を集めた会合で内政や外交の課題について語った。

私が注目したのは、以下のような発言だ。

「米国の（敵対的な）対中政策の根源にあるのは増大する中国の力に対する恐怖であって、中国で人権や少数民族の権利が侵害されている問題ではない」

この見解自体については「まあ、米国の本音はそうだよね」と感じる人が多いのではないか。私もその1人だ。

ところがプーチン氏はすかさず次のように付け加えた。

「ロシアとの関係もまったく同じことだ」

これには「それは違うでしょう」と言わざるを得ない。

ロシアのウクライナ侵略の問題の根本は、他国の主権・領土の尊重や武力の行使の禁止といった国連憲章に記されている国際関係の基本原則を踏みにじっているところ、さらに前述したようなおぞましい戦争犯罪の数々にある。

別に米国がロシアの増大する力におびえているわけではない。しかしプーチン氏は、そこをごっちゃにしようとしているのだ。

もちろん、国際世論の大勢がプーチン氏の論法に惑わされているわけではない。

侵攻開始後、国連総会ではロシアの責任を問う決議が6回採択されたが、24カ国もの反対が出たのは、人権理事国の資格停止案だけだ。

それ以外の決議と、反対した国の数は以下の通りだ。

22年	3月2日	ロシアを非難し部隊撤退を求める	反対　5
	3月24日	ロシアの民間人への攻撃を非難	反対　5

10月12日　ウクライナ4州の編入無効を宣言　反対　5
11月14日　ウクライナへの賠償をロシアに要求　反対　14
23年　2月23日　開戦1年を機に改めてロシアを非難　反対　7

これら5件すべてに反対したのは、ロシア、ベラルーシ、シリア、北朝鮮の4カ国だけだ。ロシアの侵略を支持していると言えるのは、こうした国々だ。

ただ、米国のバイデン政権が重視する「民主主義対専制主義」という構図だけでロシアの侵略を捉えると、プーチン氏の詭弁《きべん》につけこまれてしまう危険がある点には注意が必要だろう。

専制国家だろうが、民主国家だろうが、国際法違反の侵略は許されないという原点を私たちは忘れてはいけない。

北朝鮮にすり寄るロシア

北朝鮮の金正恩総書記が2023年9月、5泊6日の日程でロシアを訪問した。

ウクライナ侵略を続けるために、北朝鮮から砲弾などの供与を受けたいロシア側と、人工衛星や潜水艦の技術を入手したい北朝鮮側が、軍事協力で合意したと見られている。

実際、その後ウクライナの戦場では、北朝鮮製と見られる砲弾がロシア軍によって数多く使われるようになった。一方で、ロシア側が見返りとしてどんな軍事協力を北朝鮮に約束したのかについては、謎に包まれている。

23年9月の会談で、ロシアは北朝鮮に対して最大限の配慮を示した。

以下、ディテールに注目して読み解いてみよう。

まず注目点は会談場所だ。ロシア極東アムール州のボストーチヌイ宇宙基地。プーチン大統領の肝いりで整備が進められた新しい基地で、16年に最初のロケットが打ち上げられた。

ロシアの宇宙基地というと、ソ連時代から日本人を乗せたロケットも多く打ち上げられたバイコヌールが有名だ。こちらはカザフスタン国内にある。プーチン氏は安全保障上の観点から、ロシア国内にも基地を整備しようと考えたのだ。

そんなボストーチヌイを会談会場に選んだこと自体、宇宙・軍事分野で協力を進める姿勢の表明と受け止められるだろう。

実際プーチン氏は会談を前に、北朝鮮の人工衛星を支援するのかとロシアの記者に聞かれて「それが、我々がここに来た理由だ。北朝鮮の指導者はロケット技術に多大な関心を示している」と述べた。

これはもう「北朝鮮に協力する」と宣言したに等しい。記者と交わしたこのやりとり自体、クレムリンによって事前に用意された対外発信の一環とみるべきだろう。

さて北朝鮮は、プーチン氏と金正恩氏の会談直前の13日午前、日本海に向けて短距離弾道ミサイル2発を発射した。

国連の安全保障理事会は06年以降、北朝鮮による弾道ミサイル発射を禁じる決議を繰り返し採択してきた。安保理常任理事国を務めるロシアも、これらの決議に一貫して賛成した。

従って、北朝鮮のこの発射は、一連の安保理決議に明白に違反しているというだけではない。決議に賛成したロシアの顔に泥を塗る行為でもあった。普通なら、プーチン氏が不快感を表明して、会談をキャンセルしてもおかしくない暴挙だ。

しかしプーチン氏はミサイル発射を非難するどころか、喜々として会談に応じた。おそらく、この発射については事前に話がついていたのだろう。ロシアのこうした姿勢は、「ロシアは今後、北朝鮮のミサイル開発を容認します」と内外に宣言したに等しい意味合いがあった。

安保理常任理事国の誇りと責任はどこへやら。さすがの中国も、北朝鮮にここまで甘い顔は見せないだろう。北朝鮮にしても、中国や米国との首脳会談当日にミサイルを発射するようなバカなまねはしないはずだ。

首脳同士のプレゼント交換も意味深長だった。ロシア側の発表によると、プーチン氏はロシア製のカービン銃と宇宙飛行士の手袋を、金正恩氏は北朝鮮製のカービン銃をそれぞれプレゼントしたのだという。軍事分野での協力を進める双方の意図を象徴するような選択だ。

そもそも一連の国連安保理決議は、北朝鮮への武器供与も北朝鮮からの武器調達も禁じている。うがってみれば、カービン銃の交換は、ロシア、北朝鮮共に決議違反を気にしない姿勢を示したようなものだ。

実際ラブロフ外相は、首脳会談後にロシア国営テレビに対して「（北朝鮮に対しては）今後いかなる制裁決議も不可能だ」と述べ、今後、何があっても制裁案に拒否権を行使する考えを表明した。北朝鮮の核開発さえ容認するつもりなのかもしれない。

さらにもう1点。細かいことだが、私が注目したのは、首脳会談についてのロシア大統領府の発表文だ。前回、19年4月にウラジオストクでプーチン・金正恩氏が会談した際の表題は「ロシア・北朝鮮会談（Российско–северокорейские переговоры）」だった。それが23年3月では「北（северо）」が抜けて「ロシア・朝鮮会談（Российско–корейские переговоры）」に変わっていた。

もともと北朝鮮は、朝鮮半島における唯一の正統な政権は韓国ではなく自分たちだと主張している。正式な国名の「朝鮮民主主義人民共和国」の略称として、「北朝鮮」ではなくて「朝鮮」か「ＤＰＲＫ（ロシア語ではКНДР）」を使うよう求めている。ロシア大統領府の発表文の変化は、こうした北朝鮮の主張を受け入れたことを示している。

前回の会談との違いは、これだけではなかった。

4年半前の口朝首脳会談の際、ロシア大統領府は、金正恩氏がロシア入りする6日前に、その予定を発表した。一方、北朝鮮側の発表は訪ロの前日で、ばらばらだった。

しかしこの会談では、ロシア、北朝鮮共に訪問前日の午後に、足並みをそろえて発表した。最高指導者の動向が事前に明らかになることを極度に嫌う北朝鮮側の要望をロシアが受け入れたことは明らかだった。

ロシアメディアの報道ぶりも様変わりとなった。

19年は、金正恩氏が乗った列車がロシアに入ってから会談場所のウラジオストクに着くまで、その動向を国営テレビが刻々と中継。さらにウラジオストク駅では、到着直後の金正恩氏にアナウンサーが突撃インタビューに及んだ。

インタビューの内容自体はたわいもないものだった。ただ私の印象に強く残ったのは、マイクが拾った金正恩氏の「ぜー、ぜー」という大きな息切れの音だ。まるで大相撲の熱戦直後に行われる勝利力士インタビューのような激しさだった。金正恩氏が肥満に起因する健康上の問題を抱えていることを疑わせる音声が流れてしまったことは、北朝鮮にとっては想定外だったことだろう。

ロシア国営テレビは、ウラジオストク駅から出発した金正恩氏の専用車を12人ほどの屈強な警護官が囲んで走って護衛する様子も生中継した。ところがそれを眺めていると、警護官たちは30秒もしないうちに並走をやめて、専用車から離脱してしまったのだ。

ずっと車と一緒に走り続けるわけにもいかないので、これは当たり前のことかもしれない。でも、そんな舞台裏が中継されてしまうことを、北朝鮮側は望んでいなかったはずだ。

全体として、前回は金正恩氏をロシア側がとても軽く扱っており、政府のそうした姿勢が国営メディアの、半ばからかうような報道ぶりに反映していたと言えるだろう。

23年は、こうした無遠慮な報道は影をひそめた。

例外としては、プーチン氏との会談を前に、金正恩氏が座る予定の椅子を北朝鮮側の随員が入念に消毒する様子を、国営メディアが好奇心たっぷりにSNSに投稿したのが目に付いたぐらいだ。

19年の会談の際、金正恩氏は、当時のトランプ米大統領との2回の会談がうまくいかず、プーチン氏に協力を求めざるを得ない立場だった。しかし23年は力関係が逆転。ウクライナ侵略で国際的に孤立するロシアが、北朝鮮からの協力を必要としているという事情の中で開かれた。

かつてロシアは、北朝鮮の核・ミサイル開発に対して、中国よりもむしろ厳しい姿勢をとっていた。

06年10月の核実験に対しては「無条件に非難する」と厳しく批判。13年2月の核実験に対しても「国際法規を無視したことは、国際社会からの非難と相応の対応に値する」と断言するといった具合だ。

ロシアは北朝鮮を突き放す一方で、韓国との経済協力には、強い関心を抱いていた。それがいまや、ロシアは北朝鮮に付き従う姿勢に転じた。

24年3月28日、国連安保理は一連の対北朝鮮制裁の実施状況を監視する「専門家パネル」の任期を1年延長する決議案を否決した。ロシアが拒否権を行使したのだ。理事国15カ国のうち13カ国が賛成。中国は棄権に回った。ロシアは、中国以上に北朝鮮を擁護する姿勢を鮮明に打ち出したのだ。

専門家パネルは、国連安保理の北朝鮮制裁委員会の下部機関で、09年に設立された。報告書を年に2回作成し、最近では北朝鮮の核・ミサイル開発の状況や、北朝鮮がサイバー攻撃で巨額の資金を得ていることなどを調べてきた。

ロシアの拒否権で活動終了が決まった後の24年4月には、ウクライナのハルキウを襲ったミサイルが北朝鮮のものだったことを確認する報告書を安保理に提出したことが報じられた。

ミサイルはロシアから発射されたとみられている。北朝鮮をかばうだけでなく、自ら賛成した安保理決議を率先して破っているのが、今のロシアだ。

プーチン氏は24年6月、24年ぶりに北朝鮮を訪問。金正恩総書記との首脳会談後に、「包括的戦略パートナーシップ条約」に署名した。この条約には、一方が武力侵攻を受けて戦争状態になった場合には、他方が「軍事的およびその他の援助を提供する」ことなどが明記されている。さらにプーチン氏は、報道向け記者発表で「米国とその同盟国の主導で国連安全保障理事会が北朝鮮に科した無期限の制裁は見直されるべきだ」と、対北朝鮮制裁の撤廃を主張した。

ウクライナ侵略は近隣国の安全保障観を揺るがしただけでなく、ロシア自身の国のありようも、すっかり変えてしまった。

ガザ危機で露呈したロシアの外交不全

２０２３年10月に始まったガザ危機は、ガザへの残虐な攻撃を進めるイスラエルを支援する米国の二重基準を露呈した。一方で、ロシア外交の機能不全も浮き彫りになった。

10月11日、プーチン氏はガザ危機について、アラビア語の衛星テレビ局の質問に応じて次のように語った。

「民間人の犠牲はなんとしても避けなければならない。すべてを防ぐのは難しいにしても、注意深く行動し、罪のない女性、子供、高齢者の犠牲は最小限にとどめるべきだ。もちろん紛争の拡大は避けなければならない。そんなことになれば、この地域だけにとどまらず、国際情勢全体に影響するからだ」

言っていること自体は至極当然だ。しかしロシアがウクライナでしていることを思えば、「どの口が言うのか」という感想を禁じ得ない。

プーチン氏の発言をもう一つ紹介しよう。

「ある国や国民の権利と自由は、別の国民や国家の権利や自由が表れるところで終わる」

どんな国でも、他国の領域で好き勝手をする権利などない、という趣旨だ。

開いた口がふさがらないとは、このことだ。これまた、自らがウクライナでやっていることと完全に矛盾している。

こちらは23年10月16日に公開された中国メディアによるインタビューの中での発言だ。実は、このときのプーチン氏の発言は、米国を念頭に置いたものだった。自分たちが特別な存在で他国に口を出す権利があると考えている米国を批判した上で「私たちの考えはまったく異なる。全ての国は平等、同権だ」と主張して、前記のように語ったのだ。

おそらくプーチン氏は、自らの発言と行動が矛盾しているとはまったく考えていないのだろう。

ウクライナで非道の限りを尽くしつつ、ガザ問題で人道的な主張をすることについても、プーチン氏に葛藤などないのではないか。

ここで思い出すのは、22年4月に首都キーウ周辺からのロシア軍撤退を決めた直後のプーチン氏の発言だ。

「最近のできごとは、ウクライナでネオナチがいかに根深く育っていたかを示している」

ロシア軍を歓迎して受け入れると思っていたウクライナの国民から頑強な抵抗を受けたことへの恨み節だ。プーチン氏の頭の中で、ウクライナへの攻撃は、ネオナチ思想に染まってロシアに刃向かうウクライナの目を覚まし、正しい道に引き戻すための、やむにやまれぬ懲罰なのだろう。

立派な言動で一般社会では広く尊敬されている温厚な紳士が、ひとたび家に帰ると配偶者や子供に残酷な家庭内暴力を振るう。本人はその二面性をまったく自覚していない。プーチン氏の言行不一致から思い浮かぶのは、そんな図柄だ。

ロシアから理不尽な暴力を受けているウクライナの多くの人々は、そもそも「家族でもなんでもない」と考えているだろう。

プーチン氏が殊勝に心配してみせたガザをめぐる人道的な状況は、その後悪化の一途をたどった。

米国は国連安保理の停戦決議案の採択に拒否権を連発し、否決に追い込んだ。国連総会は23年12月12日、ガザでの即時停戦や、全ての人質の即時かつ無条件の解放などを求める決議を153カ国の賛成で採択したが、イスラエルもハマスも無視した。ロシアのウクライナ侵攻をめぐる国連安保理の機能不全や総会決議の無力とまったく同じ構図だ。

ロシアはガザ危機勃発以降、一貫してハマス寄りの姿勢を貫いているように見える。しかし、ことはそう単純ではない。

プーチン氏はかつては一貫してイスラエルと良好な関係を維持しており、特にネタニヤフ首相をはじめとする右派政治家と個人的な信頼関係を築いてきた。

ソ連は1967年、第3次中東戦争を機にイスラエルと国交を断絶。その後は冷戦構造の中で、一貫してパレスチナ側を支援した。ソ連がイスラエルと国交回復したのは、崩壊間近の91年のことだった。

プーチン氏は2000年に大統領に就任後、イスラエルとの協力を急速に深めた。05年にはソ連、ロシアの最高指導者として初めてイスラエルを訪問した。当時モスクワ支局員だった私はこのとき、プーチン氏に同行取材した。

ちなみに当時は、大統領府が外国メディアの記者の取材機会を調整してくれていた。私たちのアテンド役を務めていたのが、今は大統領報道官となったプーチン氏の最側近のひとり、ドミトリー・ペスコフ氏だ。

ロシアとイスラエルの急接近の背景となったのが、「対テロ戦」をめぐる協力関係だった。

プーチン氏が1999年以降、ロシア南部のチェチェンで繰り広げた軍事作戦は、「イスラム過激派の掃討」を名目にした徹底的な都市の破壊を特徴としていた。一般住民に犠牲が出ることをいとわない残忍な攻撃は、現在のウクライナ侵略や、イスラエルによるガザ攻撃を彷彿《ほうふつ》とさせる。

そんなプーチン氏の行動を強く支持したのが、当時のシャロン・イスラエル首相だった。

強硬右派として知られたシャロン氏は、プーチン氏のことを「対テロ戦の盟友」と呼んだ。

　そうしたプーチン氏との関係は、その後、ネタニヤフ首相にも引き継がれた。国交回復25周年の2016年6月、プーチン氏はボリショイ劇場で記念コンサートを開き、ネタニヤフ氏をもてなした。このときの記者会見で、プーチン氏は「イスラエルは、テロとの戦いがどんなものか身をもって知っている。この意味で、我々は無条件の同盟国だ」と述べた。プーチン氏は18年5月の対独戦勝記念日に赤の広場の軍事パレードにも、ネタニヤフ氏を招いた。

　これらはいずれも、ロシアがクリミアを占領した後のことだ。多くの欧米の首脳はプーチン政権との対話に慎重になっていたが、ネタニヤフ氏は気にするそぶりも見せなかった。クリミア占領後もプーチン氏にすり寄った日本の安倍首相にも通じる姿勢といえるだろう。プーチン氏も、19年のイスラエルの総選挙では、ネタニヤフ氏に露骨に肩入れした。

　一方でロシアは、イスラエルと敵対関係にあるイランや、ハマスを含むパレスチナの諸勢力とも深い関係を維持してきた。

　ロシアが軍事介入した中東のシリアをめぐっては、イスラエルとイランの意思疎通を仲介し、利害を調整する役割を担ってきたと見られている。

　しかしガザ危機をめぐっては、ロシアは仲介者としての存在感をまったく示せていない。

ウクライナ侵略の推進が唯一と言ってもよい国策となってしまったロシアは、ガザ危機を米国に批判的な国を味方につける機会と利用することしか考えていないようだ。

また、冒頭で紹介したようなプーチン氏の言行不一致が国際社会でのロシアという国自体の信頼性を損なっていることも、理由の一つだろう。

預金救出作戦

ここで少し趣を変えて、私自身の身に降りかかったできごとを紹介しよう。

２０２３年11月24日のことだ。私のスマホに、一通のメールが届いた。発信元は、ロシアの銀行だった。タイトルに「Important information（重要な情報）」とあった。いつもなら「また広告か新しいアプリの案内かな」と思って、読まずにごみ箱行きになるのだが、このときは、なんとなく気になって開いてみることにした。

読み進めて、驚いた。ざっと以下のような内容が記されていたのだ。

- お客様が弊行と05年2月18日付で締結した契約の終了をお知らせします。
- これに伴い、あなたの銀行カードは失効し、口座は閉鎖されます。
- つきましては60日以内に、預金を引き出すか他行に送金するなどして、当行の口座残高をゼロにしてください。

「聞いてないよ〜」

私は05年にモスクワに初めて特派員として赴任した際に、この銀行に口座を開いた。メールにある2月18日というのが、そのときの日付なのだろう。

それ以来ずっと、私はこの口座を維持していた。17年に2回目のモスクワ赴任を終えたときも口座はそのままにして、たいした額ではないが、米ドルをいくらか残しておいた。ロシア出張の際に便利だという実利的な理由もあったが、それ以上に、ロシアとつながる縁を残しておきたいという気持ちがあったのだ。ロシアに行くとき以外はほったらかしにしていた。

ロシアがウクライナ侵攻を始めて間もない22年3月、EUは対ロ制裁の一環として、ロシアの7銀行を、世界の金融機関の国外送金業務を担う国際銀行間通信協会（SWIFT〔スウィフト〕）から切り離すことを決めた。

このとき、私の銀行は制裁対象から外れていた。この銀行は米国系で、私が赴任していたときには欧米の外交官らも多く使っていた。なのでその後も、欧米からの制裁対象になる可能性は低いだろうと思い、私はすっかり油断していたのだ。

メールに驚いてニュースをチェックすると、やはり私の銀行が制裁対象になったわけではなかった。ただ、ロシアからの事業撤退を決めたということだった。それにしても有無を言わせず「60日以内に口座の残高をゼロにしろ」というのも、日本の常識に慣れた身からすれば、乱暴な話である。

ネットバンキングで日本に送金すれば問題解決、と思うかもしれないが、そう簡単ではなかった。私はこの後、相次ぐ難題に見舞われることになる。

第1の問題として、そもそもネットバンキングのページにアクセスできない。おそらくロシア側がとった措置だと思われるが、開戦後まもなく、日本や欧米からのアクセスがブロックされるようになっていたのだ。

解決策は「仮想プライベートネットワーク（VPN）」だった。国外のサーバー経由でネットに接続できるアプリだ。ロシアを経由地に選ぶことで、銀行のページを開くことができた。

VPNは、ネット規制が厳しいロシアや中国といった国でよく利用されている。規制をかいくぐって、アクセスを禁じられている国外のSNSや動画共有サイトにつなげようとする利用者と、阻もうとする当局の、いたちごっこが繰り広げられている。

私の場合はこれとは逆で、ロシアのサイトにつなげるために、日本からVPNを使ったわけだ。もともと取材の一環として、日本からアクセスしにくいロシアの省庁などの公式サイトを閲覧するためにこのやり方を使っていた。その経験が役に立った。

2番目のハードルは、口座情報にアクセスするために必要な暗証番号を携帯に送ってもらう「2段階認証」だった。送り先に私がロシアで使っていたプリペイドSIMの携帯番号を指定していたのだが、とっくにチャージ残高がゼロになっていたのだ。

以前は携帯電話会社のサイト上でチャージできたのだが、制裁の影響で、日本のクレジットカードが使えない。

一時はどうなることかと思ったのだが、試してみたら、携帯にちゃんと暗証番号が送られてきた。チャージ残高がゼロでも、SMS（ショートメッセージサービス）は生きていたのだ。

3番目の、そして最大の難関が、日本への米ドル送金だった。これも戦争前は、ネットバンキングで何の問題もなく簡単にできたことだ。

ところが送金依頼を銀行に送ってもいっこうに実行されず、まもなく以下のようなメッセージが送られてきた。

米ドルの国外送金は、ロシア国内であなたが受け取った給与の額を超えない範囲でしか実行できない。受け取った時期と額を証明する書類を提出せよ――。

メッセージと相前後して、私のロシアSIMを入れた携帯に、銀行から何度も電話がかかってきたようだ。でも、残高ゼロなので、通話不能だった。

事情に詳しい人に相談すると、現在ロシアから米ドルを国外の銀行に送金することは、実態としてはほとんど不可能だということだった。特に日本や欧米など、ロシアに制裁を科している「非友好国」の外国人は、様々な明文化されていない障害（いじわる?）にぶつかることが多いという。これでは、期限の60日以内に問題を解決できる見通しは低いと言わざるを得ない。

そもそも開戦後まもなく、ロシアからの外貨の持ち出しは厳しく規制されるようになっていた。例えば現金の場合、1万米ドル相当額を超える場合、申告しても持ち出し不可だ。様々な措置の背景には、ロシア国内での外貨現金不足があるようだ。

結局、日本への米ドル送金は断念。ネットバンキングを使って、以下のような対応をとることにした。

まず、預けてあった米ドルを銀行内で全額ロシア・ルーブルに両替して、ルーブル用口座に移す。次にそれをロシアにいる知人の口座に送金して、一時的に預かってもらう。そのお金は、ロシアに行く機会に受け取る算段だ。

こうして、なんとか預金を救出することに成功した。ただ結局は、外貨をうまいことロシアに吸い上げられてしまったようだ。

ロシア中央銀行は開戦後、ロシアの輸出業者に対して稼いだ外貨を強制的にロシア・ルーブルに両替させる制度を断続的に導入するなどして、ルーブルの下落に歯止めをかけてきた。同時にロシアの企業は、米ドルやユーロの決済を減らし、中国人民元による取引を増やしている。

一方で欧米では、制裁の一環として差し押さえているロシア中央銀行の資産からの収益をウクライナ支援に使うための検討が進んでいる。世界で凍結されている資産が約３０００億ドル（約45兆円）相当あり、そこから生じる利子や配当金を、ウクライナの武器調達や復興支援に役立てる構想だ。

24年6月にイタリアで開かれたG7サミットで参加首脳らは、こうした構想を具体化するためのウクライナ支援基金を新設することで合意した。

当然これにはロシアが強く反発している。通貨を巡るロシアと欧米の攻防が、様々な舞台で戦われているのが現状だ。

私が体験したことは、ほんの氷山の一角だ。ロシアでビジネスを続けている人は、想像もつかないようないろいろな困難に見舞われているのだろうと感じさせられるできごとだった。

終章

戦争の行方

遠くなった二つの国

2023年2月、私はウクライナの首都キーウを訪れた。街並みの美しさは以前訪れたときと変わらない。時折響く空襲警報にも人々は慣れっこで、表面上は穏やかな日常生活を送っているように見える。しかし実際に話を聞いてみると、誰もが心の奥底にロシアに対する強い怒りと抑えきれない憎悪を抱いていることがひしひしと伝わってくる。

ロシアとの「停戦」にはなんの意味もない。ロシア軍を打ち負かして領土から追い出さないかぎり、ウクライナという国はいずれ世界地図から消されてしまう。そんな強い危機感を繰り返し聞かされる旅だった。

私は、いったんロシアのモスクワに立ち寄り、そこからキーウに向かった。

私がモスクワに勤務していたとき、二つの首都間の移動は直行便で2時間もかからなかった。便数も多く、その気になれば日帰り出張も可能だった。

しかし開戦後の状況は、まったく異なる。キーウの民間空港はすべて閉鎖されており、ポーランドなどの隣国から陸路で入る必要がある。さらに制裁の影響で、モスクワからポーランドにも直行便が飛んでいない。そのため、旅程は以下のようなものになった。

モスクワから空路イスタンブール経由でワルシャワへ。ワルシャワで夜行列車に乗り、キーウへ。イスタンブール空港の乗り継ぎで一夜を明かし、列車内でも1泊。2泊3日かけてようやくたどり着いた。二つの国がいかに遠い存在になってしまったかを体感させられた。

ワルシャワからキーウへの鉄路は、複数のルートがある。私が選んだのは、ポーランド東部の街ヘウムを経由するルートだ。

ワルシャワからヘウムまで3時間弱。ここで列車を乗り換える。というのも、ポーランドで採用されているレールの間隔は欧州標準の1435ミリ。ウクライナの鉄道はロシアなど旧ソ連圏で広く採用されている1520ミリなので、直接乗り入れることができないのだ。

ポーランド鉄道でヘウムの駅に着くと、同じホームの反対側にキーウ行きのウクライナ鉄道の列車が待っている。

22年に開業した西九州新幹線は、福岡から長崎に向かう際には武雄温泉駅の同じホームで、在来線からレール間隔が広い新幹線に乗り換える「リレー方式」を採用している。それと同じような乗り継ぎ方法だ。

私が乗ったウクライナ鉄道の車両は旧ソ連製だった。2段ベッドが二つ収められた定員4のコンパートメントが並ぶ。私が90年代に乗ったシベリア鉄道とまったく同じ造りで、大変懐かしく感じる。

ヘウムを出発して30分ほどで国境に到着。ポーランド側で約2時間停車し、乗り込んできた係官がパスポートをチェックして出国手続きを行う。ウクライナ側に入ってから、さらに小一時間止まって、今度は入国検査となる。私のパスポートにはロシアの入国記録が山のように残されているが、特に何も言われず、スムーズに入国することができた。

ワルシャワを正午過ぎに出て、キーウに着いたとき、時間は翌朝6時過ぎになっていた。

夜行列車で気づいたことがある。ほぼ満席の乗客は、ほとんどが女性と子供なのだ。私と同じコンパートメントに乗り合わせたのは2人の女性。同じ車両内で成人男性は私だけのようだった。

考えてみれば当たり前の話である。開戦後、ウクライナでは戒厳令が導入され、成人男性は原則として出国が禁じられた。この列車に乗っているほとんどは、一時的に国外に出ていて、国に帰る女性たちと子供たちなのだった。

キーウに着くと、待ちかねたように男たちが列車に続々と乗り込んできた。家族たちと抱き合って再会と無事を喜びあう様子に、胸が熱くなった。

本章の冒頭に書いたように、街の様子は一見平穏だ。

私は14年2月、大規模な反政権デモを暴力で鎮圧しようとした当時のヤヌコビッチ大統領がロシアに亡命した直後のキーウを取材した。そのときは市中心部の独立広場やその周辺の建物は黒く焼けただれ、悪臭が漂っていた。通りのあちこちにバリケードが築かれ、市街戦の最中といった雰囲気だった。

あのときに比べると、キーウはかつての美しさを取り戻していた。しかし、戦時中であることを忘れて散歩を楽しむことはできない。

独立広場の近くの芝生には、おびただしい数の小さなウクライナ国旗が立てられている。多くには名前が書かれている。近くに立てられたプレートには「プーチンに殺されたウクライナ人たち」と説明書きがあった。

聖ムィハイール修道院前の広場には、焼けただれたロシアの戦車や自走砲、装輪装甲車などが並べられている。今回の戦争で鹵獲《ろかく》した戦果の展示だ。

何よりも戦争の存在を間近に感じさせるのが、頻繁に鳴る空襲警報だった。2月14日早朝にキーウに着いて以降、朝、昼、深夜を問わず、毎日のように空襲警報が鳴った。滞在先ホテルにいるときは、ホテルの地下駐車場を改装して造られたシェルターに避難する。街中や取材先にいるときは、地下鉄駅や、取材先最寄りのシェルターに入る。取材は、その都度中断しなければならない。

2月15日午後の空襲警報は、ウクライナ当局の発表によると、ロシアから飛来した気球

キーウ市内の学校で取材中に空襲警報が鳴ったため、生徒たちと一緒に地下のシェルターに避難した＝2023年２月17日、駒木明義撮影

が原因だった。ウクライナの防空能力を試す狙いで飛ばしたのではないかと見られている。

16日は午前2時30分に警報に起こされて、午前4時40分までシェルターで過ごした。眠い目をこすりながら、自然とプーチン大統領を呪う言葉が口をついて出る。

私が訪れたときには、住民の多くは、警報が鳴ってもほとんど反応しないことが多くなっていた。あまりに警報の回数が多いこと。また、欧米から供与された防空システムの効果もあって、実際にミサイルや自爆ドローンが着弾するケースが減ったことがその理由だ。

それでも、子供たちの命を預かる施設

ではそうはいかない。2月17日にキーウ市内の学校を取材中に空襲警報が鳴った。生徒たちはすっかり慣れた様子で、地下のシェルターに整然と向かった。私も子供のころ学校で行った避難訓練を思い出しながら、ついて行った。

薄暗いシェルターはとても広く、子供たちは思い思いに携帯をいじったり、おしゃべりやゲームに興じたりしている。

落ち着いて勉強しなければならない大切な時期に、授業がしばしば中断する、それも命の危険がいつあるか分からないという状況が、子供たちの心身の成長に影響しないわけはない。

それでもキーウの子供たちはまだ恵まれているのかもしれない。ロシア軍に占領されてしまった地域では、子供たちのロシアへの連れ去りが横行。残った子供たちに対しても、ロシア人としての意識をたたき込むための教育が行われている。

一日も早くウクライナ全土から占領軍がいなくなり、平穏を取り戻すことを願わずにはいられない。

若者の声

取材で訪れたキーウの学校で、生徒たちと会った。ウクライナの学校は11年制で、話を聞いたのは10年生と11年生。年代的には、日本の高校1、2年生に相当する。

ビクトリアさん（11年生）

「戦争はとても怖いです。恐怖とストレスを感じます。夏休みに2週間ギリシャに行ったとき、本当にほっとしました。そこで初めて、私たちがふだん感じているストレスがどれほど大きいかを理解しました」

「戦争が始まる前、私が抱いていた夢は典型的な女の子のものでした。成功して、美しくなって、きれいな服を買って。でも、私の夢は変わりました。考えているのは平和のことだけ、自由のことだけ、勝利のことだけです」

「戦争は、ロシアの本質だと思います。ロシア帝国が始まったときから、彼らの主要な目的はウクライナを占領し、私たちに自分たちが無価値な存在だと思わせることでした。唯一の理由は、ロシアが私たちを憎んでいるからです。私たちがウクライナ人だからです。だから虐殺し、破壊しているのです」

「将来は、自分の国を繁栄させ、偉大な国にしたい。世界や欧州の国々から仲間だと思われるようにしたい。ウクライナの子供たちが、戦争がどんなことなのかを身をもって体験しなくてすむようにしたいのです」

カテリーナさん（10年生）

「ロシアは私たちを憎んできました。私たちに普通の暮らしをさせたくないのです。私たちを人間だとは思っておらず、奴隷かなにかだと思っている。でも、私たちは平和の中に生きなくてはいけない。普通の目的を抱いて、普通に暮らさなくてはいけない。今はロシアのせいで、それができないのです」

「今ウクライナは戦争中ですが、生徒たちは前よりも真剣に勉強するようになりました。私たちの存在こそが国の将来だということを理解したからです。大きな責任があるのです」

「私のおじは、今前線にいます。夏と春には東部の激戦地バフムトにいたそうです。今はどこにいるのか分かりません。保安上の理由で教えてもらえないのです。生きて帰ってきてほしいです」

キリロさん（10年生）

「戦争が始まり、家族と一緒に（西部の）リビウに避難しました。そこでも状況が変わらず、ミサイル攻撃が続いたので、１カ月後にポーランドに移りました。そこでようやく本当にほっとした気持ちになりました。今はキーウにもどっていますが、毎日が試練の連続です」
「ロシアは、私たちの国を自分たちのものにしたいのです。そのために私たちをゾンビにしようとしています。人々を同質化し、ロシア人のような愚か者にしたいのです」
「サッカー選手になりたいです。ウクライナのチームを国際的に強くして、全世界の人々に、ウクライナがどこにあるのか、そしてロシアに近くもなければロシアの一部でもないことを知ってもらいたいと思っています」

インタビューは、私がロシア語で質問して、生徒たちが英語で答えるという形式で行った。私は、読み書きは別として、会話は英語よりもロシア語を使った方が楽にできるので、ロシア語で質問させてもらった。

生徒たちは、多くのウクライナ人と同じく、ロシア語を母国語のように話すことができる。しかし、ロシア語を話すことを望まないため、勉強中の英語で一生懸命に答えてくれた。

頼もしい高校生たちとは違い、ウクライナでは、英語を使えない人も多い。そんな人々への取材では、3言語が飛び交うことになる。

私がロシア語で質問し、相手がウクライナ語で答える。それを、現地の通訳が英語に訳す。その場にいる3人全員がロシア語を理解できるのだが、取材相手と通訳は、共にロシア語で話すことを望まないため、こうした複雑なことが起きる。取材に対してロシア語で答えてくれる人もいたが、ごく少数だ。

キーウの街を歩いていると、多くの人は日常会話ではロシア語を使っていることがわかる。キーウに向かう列車で同室になった2人のウクライナ人女性も、ロシア語で語り合っていた。

ただ私のような外国人記者の前で、特に録音されているような取材の場でロシア語を使うことは、ウクライナをロシア化しようとするプーチン氏の主張に屈することにつながると考えているのだ。

2014年にロシアがクリミアを占領し、一方的に併合を宣言した際には、こうしたことは起きなかった。私はキーウで、なんの違和感もなくロシア語で取材することができた。このときテレビに映される議会では、ある議員はロシア語で、また別の議員はウクライナ語で演説をしていた。いちいち通訳や字幕はつかない。誰もがロシア語とウクライナ語を日常的に使うことが前提の社会だった。

そんなキーウはもはや過去のものだ。ウクライナの劇場からは、ロシアの文豪のチェーホフやプーシキンの作品が姿を消した。オペラハウスではチャイコフスキーのオペラやバレエがプログラムから外された。

非ロシア化が進むウクライナ

公の場での非ロシア化、非ロシア語化が急速に進んでいる。

プーチン氏が戦争を進める理屈を端的に言えば、以下のようなものだ。

「ウクライナ」という国家や「ウクライナ人」という民族はフェイクであり、本来はロシアと一体の存在だ。それを認めない者はネオナチであり、抹殺が正当化される——。

こうした考えは、占領地での多数の子供たちのロシアへの連れ去りと、その後ロシアで施されている「愛国教育」にも反映されている。

ウクライナの人々は、こう感じている。

「なぜ自分たちが殺されるのか。唯一の理由は、自分たちがウクライナ人だからだ」

そうした受け止めが、ロシア語に対する態度に表れているのだ。

言語だけではない。ウクライナの人々の多くが信仰する正教会は、かつてはロシアの正教会と同じ1月7日（ユリウス暦の12月25日）に降誕祭（クリスマス）を祝っていた。

しかし、2023年に、主要なウクライナの正教会が、12月25日に降誕祭を祝うことを決めた。ゼレンスキー大統領と議会はこれを受けて、国民の祝日を1月7日から12月25日に移した。

ウクライナは同じ23年、対ナチスドイツ戦勝記念日を5月8日に祝うことを決めた。それまでは、ロシアと同じ5月9日を記念日としていたが、欧州と同じ8日に祝うことにしたのだ。

社会のあらゆる場面で、ロシアの影響を廃し、ロシア離れを進めようという動きが加速している。ロシアを拒絶することが、自分たちがウクライナ人であるという自覚を確認することにつながっているのだ。

私が生徒たちから話を聞いた学校の教師は皮肉まじりに語った。

「この戦争は、私たちを目覚めさせたのです。民族性を覚醒させました。長い間私たちは、自分たちがウクライナ人であるということを半ば忘れていました。それをプーチンが思い出させてくれたのです。彼の銅像を建てなければいけないですね」

一方で、ウクライナの多くの人たちがロシアの歴史、文化、ロシアの人々全てを否定し、憎悪している現状については「今の状況では当然なのですが、一方で正常とは言えない状況です。いつ、それが変わっていくのかは、今は予測することができません」と話してくれた。

プーチン氏は、ウクライナをロシアの一部にしようと戦争を始めたことで、自らの手でその可能性を葬ってしまったように見える。

印象に残ったのは、ウクライナで会った人々の口から、一度もゼレンスキー氏の名前が出なかったことだ。日常生活の中で意識に上ることはほとんどない様子だった。

ロシア軍がプーチン氏個人の意を体して戦っているのとは対照的に、ウクライナの戦いは、ウクライナの消滅に抵抗する多くの国民の意思に支えられている。

ロシアの世論を見てみよう。レバダセンターが24年4月に行った調査だ。

「もしプーチン大統領がウクライナとの紛争を終わらせることを決めたら支持しますか？」という質問に対する回答は以下のようなものだった。

必ず支持する　44％
どちらかと言えば支持する　27％
どちらかと言えば支持しない　10％
必ず支持しない　11％

ほぼ7割が、プーチン氏が戦争をやめると言えば受け入れるという結果だ。

もっとも、この質問に「ウクライナからロシアに編入した領土を返還した上で戦争を終わらせる」という条件をつけると、支持は3割に急減する。とはいえ、プーチン氏が決めればロシア国民の多くはそれを受け入れるだろう。

一方、ウクライナで23年12月に公表された世論調査によると、平和のために領土をロシアに譲ることを容認するという回答は、19％だった。開戦から間もない22年5月に比べてほぼ倍増したとはいえ、まだまだ絶対的少数だ。

さらに、領土を犠牲にした平和を容認するという人々であっても、現に占領されてしまった以上の領土をロシアに引き渡すことには、大多数が反対するだろう。ましてやプーチン氏が言う平和の3条件である「非ナチ化、非軍事化、中立化」を受け入れる人はほぼ皆無ではなかろうか。

ロシアが専門ではない日本のメディア関係者から、こんな意見を聞いたことがある。「ウクライナとロシアがそれほど憎み合っているのなら、最終的にはどこかで線を引いて、分離させた上での共存を図るしかないのではないか。イスラエルとパレスチナのように」

そうした印象を受けるのはもっともなことではあるが、これは現実を踏まえていない考えだ。

前述の学校の教師が指摘したように、ウクライナに住む多くの人々は、長い間ロシア人とウクライナ人の違いを深く意識することなく暮らしてきた。

ウクライナ西部を中心に、自分たちはロシア人とはまったく異なるウクライナ人だという自己認識を強く持ち、ロシアを嫌う人々もいたが、全体から見れば少数派だったろう。

ウクライナの国民的詩人シェフチェンコを敬愛し、ウクライナ語やウクライナ独自の文化に誇りをいだくウクライナ人の数は、それよりずっと多かったはずだ。しかし、ロシアやロシア人にあからさまな敵意を向ける人は、少数派だった
一方で、ドンバスと呼ばれるドネツクやルハンシクを中心とする東部やクリミア半島には、ソ連崩壊に伴いウクライナという国に住むことになったものの、自分のことをロシア人として認識している人が多く住んでいたことも事実だ。しかしこうした人々とほとんどのウクライナ人は、決して敵意を向け合うような関係ではなかった。

もともとロシアとウクライナは、言語も、宗教も、食生活などの習慣も多くが似通っていた。ゼレンスキー氏自身、ロシア語を母語としており、大統領就任にあたって苦手だったウクライナ語を猛特訓したことが知られている。

ロシアに親戚がいないウクライナ人、ウクライナに親戚がいないロシア人はいないとも言われているほど、互いの境界はあいまいなのだ。

相手に対してそれぞれが抱く感情も、ロシア側からの「上から目線」はあったにしても、

総じて好意的だった。その意味で、宗教も言語も異なり、歴史的に互いに敵意を抱いてきたイスラエルとパレスチナのような関係とはまったく異なる。

そうしたウクライナ人とロシア人の関係は、14年にロシアがクリミアを占領し、ウクライナ東部への軍事介入を始めたときにも、大きく変わることはなかった。

例を一つ挙げよう。ヨーロッパで毎年行われる国別代表アーティストによる歌合戦「ユーロビジョン」だ。音楽ファンが、サッカーのワールドカップを思わせる熱気で盛り上がるほどの人気イベントだ。

順位は国別の視聴者とプロの審査員による投票で決定される仕組みだ。いずれも、自国の代表には投票できない。

16年のユーロビジョンでは、ロシア、ウクライナ双方の代表が、26カ国が参加する決勝に駒を進めた。

決勝での採点結果を見て、私は驚いた。ウクライナの視聴者がロシア代表に最高得点を与えていたのだ。ロシアの視聴者もウクライナ代表に2番目の高得点をつけていた。

対照的に、プロの審査員は互いの国に1ポイントも与えていなかった。

国を背負う審査員と、自分の好きなアーティストに自由に投票できる視聴者の感覚の違いが浮き彫りになったできごとだった。

対照的だったのが、アルメニアとアゼルバイジャンだ。ナゴルノ・カラバフ問題をかかえ、宗教的、歴史的にも長く対立してきた両国は、審査員だけでなく、視聴者も、互いに1ポイントも与えていなかった。

16年のユーロビジョンでは「国を憎んで国民を憎まず」というような雰囲気が、ウクライナとロシアの間にあった。サッカーなどで、互いの国の代表を応援するような感情もごく自然なことだった。

しかしそれは、22年の全面侵攻で一変した。

22年にロシアは欧州放送連合から閉め出され、ユーロビジョンから姿を消した。ただ参加していたとしても、ウクライナの視聴者はとてもロシア代表に投票する気にはならないだろう。

先に紹介したウクライナの若者の言葉が、そうした雰囲気を如実に示している。

多くの国は、さまざまな自己認識を持つ国民を抱えている。国外にルーツを持つ民族が多く住む国も多い。そうした多様な人々が互いに敵意を抱かないように平穏な社会をつくることは、指導者の大きな責任だ。

その点、ウクライナの14年以降の指導者たちを、ドンバスを中心とするロシア人としての自己認識が強い住民への配慮が十分ではなかったと批判することは可能だろう。

しかし、そういう面があったとしても、ロシアによる全面的な戦争がいっさい正当化できないことは言うまでもない。そもそも14年にはすでにロシアがクリミアを占領し、ドンバスにも軍を投入して侵略を進めていたという事情も、無視することはできないだろう。なにより、これまで見てきたように、この時点では多くの国民同士は、互いに友好的な感情を失っていなかったのだ。

兄弟のようなつながりがあったロシアとウクライナを、アルメニアとアゼルバイジャン、あるいはイスラエルとパレスチナを思わせるような、国民同士が憎しみ合う関係にしてしまったのが、プーチン氏が22年に始めた全面的な侵略戦争だった。

なんと愚かなことだろうか。

終わらない戦争

ロシアがウクライナへの全面的な侵攻に踏み切ってから、丸2年以上が過ぎても、戦争が終結する見通しは立っていない。私たちは、長期化が避けられないという冷徹な現実から目をそらすことなく、今後なすべきことを考える必要がある。

今回の戦争は、第2次世界大戦後の国際秩序を、根幹から揺るがした。

主権平等や武力による威嚇・行使の禁止をうたった国連憲章の理念実現に特別な責任を

キーウ中心部の一角には、ウクライナ側が戦場で奪い取ったロシアの戦車などの軍用車両が並べられていた＝2023年２月、駒木明義撮影

負うはずの安全保障理事会常任理事国が始めた、あからさまな侵略戦争であること。自国領土の拡大を事実上の目的としていること。核兵器をちらつかせて侵略を進めていること。原発を占拠して「人質」のように使っていること。占領地の子供たちを連れ去って、再教育を施していること。いずれも、いかなる理由でも正当化できない暴挙だ。

もう一つ忘れてはならないことは、本格的な戦闘は、ほぼウクライナの領土内だけで繰り広げられているということだ。おびただしい民間人の犠牲はもちろんのこと、住居の破壊も、病院への攻撃も、農地の荒廃も、原発の占拠も、ダムの破壊による土壌の流出も、無数の地雷の埋設も、インフラ破壊による停電や暖房の停止も、ウクライナの領土で起きている。ほとんどのウクライナの人々は戦争と隣り合わせの生活を強いられている。

ロシアの多くの地域、特にモスクワやサンクトペテルブルクなどの大都市部では状況はまったく異なる。テレビのニュースは「特別軍事作戦」の戦果を連日報じているが、それはテレビの中だけのことだ。テレビを消せば、戦争は消える。

多くのロシア人が戦争をひとごとのように感じている大きな理由だ。

唯一の例外が、２０２２年9月の部分動員令だった。社会が戦争を身近に感じ、世論が目に見えて動揺したのはこのときだけだ。

プーチン氏が戦争を始めた身勝手な理由にしても、その結果起きている惨状にしても「どっちもどっち」という言葉とは対極にあることを忘れてはいけない。

残念なことに、国際社会の関心は低下しつつある。最大の要因は、戦況が膠着状態にあることだろう。

23年の6月以降本格化したウクライナ側の反転攻勢は、ほとんど成果を挙げられなかった。

22年はまったく様相が異なった。ウクライナは9月に東部ハルキウ州の被占領地の大部分の奪還に成功。11月には南部ヘルソン州のドニプロ河西岸のロシア軍を撤退に追い込んだ。しかしそれから1年以上にわたって、戦況を示す地図の色分けに、ほとんど変化がない。

このことが、ウクライナに対する支援継続の熱意の低下につながっている。

顕著なのは米国だ。バイデン政権が主導したウクライナ支援予算は難産の末に可決されたが、先行きの見通しは決して明るくない。

ゼレンスキー氏が22年12月に訪米して議会で演説した際には、民主共和両党の議員たちが総立ちで歓迎した。

しかし23年12月にゼレンスキー氏が訪米した際、トランプ氏に近い共和党議員らは冷ややかに迎えた。

米国の変化の背景には、戦況の膠着と共に、ロシアが米国にとって差し迫った安全保障上の脅威ではなくなったという認識があるだろう。

戦争が始まった当初、ウクライナの敗北は時間の問題だと考える専門家が大半だった。欧州を広く巻き込む大戦に発展することやロシアが核兵器を使うことへの現実的な懸念が、広く共有されていた。

しかしこの2年間で、ロシア軍は甚大な損失を被った。ロイター通信は23年12月、開戦後のロシア軍の死傷者が31万5０００人に達したとする米情報機関の推計を報じた。これは、開戦時のロシア軍要員の87％に相当するという。

1979年から約10年間続いた旧ソ連によるアフガニスタン侵攻でのソ連軍の死者が約1万5000人と言われているのと比べると、今回の戦争による損失がいかに甚大なのかがわかる。ロシア軍の本格的な立て直しには、今後10年単位の時間がかかるかもしれない。

さらに、米国にとって国内問題と同等の重要性を持つイスラエルが、ガザ地区への大規模攻撃に踏み切ったことも、関心の低下やウクライナを政争の具とする傾向に拍車をかけている。

結果として、米国にとってのウクライナ問題が、グローバルな危機という位置づけから、よくある地域紛争へと格下げされたような印象を受ける。

一方で欧州が抱く危機感は、米国ほどには色あせてはいない。

欧州連合（EU）は2024年2月1日の臨時首脳会議で、今後4年間で最大500億ユーロ（約8兆円）のウクライナ支援策を承認した。

しかし、楽観は許されない。ロシアと良好な関係を維持しているハンガリーのオルバン首相は、ぎりぎりまで支援策に反対した。欧州各地では、「自国第一」を唱え、ウクライナ支援の継続に消極的な政党が勢力を伸ばしつつある。

欧米からの支援の先細りが避けられない中、早期の停戦を期待する意見が強まるのは、当然と言えるだろう。特に「グローバルサウス」と呼ばれる、アジアやアフリカなどの新興国の間で、そうした傾向は顕著だ。

こうした国々の多くは、戦争に伴うエネルギー価格や食料価格の高騰に苦しんでいる。開戦当初から今回の戦争の国際法違反の側面を軽視し、ロシアを弱体化するために米国がウクライナを利用しているという、ロシアが広める物語を一定程度受け入れてきた。元々、米国の二重基準への反感も根強い。

しかし「即時停戦」と口で言うのは簡単だが、具体的な条件を考えた瞬間に、それが極めて困難で、ほとんど不可能だという現実に突き当たる。

最大の問題は、甚大な戦死者を出しつつも、プーチン氏に停戦する気がさらさらないところにある。志願兵をかき集め、武器弾薬を増産し、北朝鮮から砲弾を調達して、あくまで戦争を続ける構えだ。

言うまでもなく、停戦はロシアとウクライナの双方が合意することが最低限の条件だ。

プーチン氏は24年6月14日、外務省幹部らとの会合で、ロシアが交渉に応じるために必要となる条件を明らかにした。こうした具体的な条件をプーチン氏が口にするのは初めてのことだ。

「条件は極めて単純だ。ウクライナ軍は、ドネツク、ルガンスクの両人民共和国、ヘルソン、ザポロジエ両州から完全に撤退せねばならない。念のために確認するが、これらがウクライナの一部だった際の行政区画全領域からの撤退だ」

「ウクライナがそうした決定を発表し、実際に撤退を開始し、さらにNATO（北大西洋条約機構）への加盟計画を取り下げることを公式に明らかにすれば、ただちに停戦と交渉開始を命じるだろう」

常軌を逸した要求というしかない。

ウクライナ東部、南部に位置するドネツク、ルハンシク（ロシア語ではルガンスク）、ヘルソン、ザポリージャ（ロシア語ではザポロジエ）の4州について、ロシアは22年9月に一方的に自国領に編入することを決定した。

このこと自体が国際法違反の侵略であることは言うまでもないが、それだけではない。この4州のうちロシア軍がほぼ全域を占領しているのはルハンシクだけだ。ドネツクは半分程度。ヘルソン、ザポリージャについても州都を含む多くの領域をウクライナ側が統治している。

そうした地域を無条件に引き渡せというプーチン氏の主張は、単なる領土割譲要求にほかならない。

この要求は、交渉の初期段階でよくあるような、譲歩の余地を残しておくために最初に提示する「高めのボール」ではない。あくまで交渉を始める前に達成されなければならない前提条件なのだ。交渉が始まったら、それ以上の条件を出してくることも大いにあり得る。

たとえて言うならば、日本政府が、現在北方領土をロシアに実効支配されているにもかかわらず「ロシアはただちに4島を日本に明け渡せ。それが平和条約交渉に応じる条件だ」と主張するようなものだ。

プーチン氏自身、こんな要求にウクライナが乗ってくるとは思っていないだろう。要するに対話拒否に等しい主張なのだ。

実はこの発言があるまでは、欧米メディアでは折に触れて「ロシアは現状での停戦を望んでいる」というロシア側のリークと思われる情報が報じられていた。「ロシアは交渉の用意がある。拒否しているのはウクライナ側だ」という印象を作りだし、ウクライナに停戦を求める国際的な世論を盛り上げることがリークの狙いだろう。

そうした自国側の情報操作さえ台無しにする、プーチン氏の暴論だった。

今後プーチン氏が停戦を本気で模索するとすれば、戦況がロシアにとって思うにまかせない場合、例えばクリミア半島の領有を脅かされる状況になったときかもしれない。

ただその場合も、戦闘停止中に力を蓄えて、再度ウクライナ全土を支配下に置こうとするだろう。

思い出されるのは、14年3月18日、ウクライナのクリミア半島を一方的にロシアに編入した際のプーチン氏の演説だ。

「クリミアに続いて（ウクライナの）他の地域が狙われると言って脅かす人を信じてはいけない。私たちはウクライナを引き裂くことを望んでいない」

22年2月24日、ウクライナへの全面侵攻を始めたとき、プーチン氏は国民向けのビデオ演説でこんなことを言っていた。

「私たちの計画にウクライナ領土の占領は入っていない」

その後に実際に起きたことを見れば、プーチン氏が何を約束したとしても一切信用できないと言うしかない。

そのことを前提に停戦合意に実効性を持たせるためには、ロシアの再攻撃を実力で阻止できる態勢が必要になる。例えば、多国籍軍の停戦ラインへの展開などだろう。しかし、そうした内容を含む合意をロシアが認める可能性は、現時点では極めて薄い。

つまり「どこを停戦ラインとするのか」「停戦をどう順守させるのか」という、停戦合意の基本となる2点について、いずれも現実味のある回答が現時点では見当たらないのだ。

こうした状況の中で単に「即時停戦」を呼びかけることは、ウクライナにとっては事実上の降伏勧告という意味しか持たない。

反転攻勢の失敗から、ゼレンスキー氏と軍部がぎくしゃくする場面が目立つようになった。首都キーウのクリチコ市長といった有力政治家も大統領批判を口にする。

しかし、そこで問題になっているのは「継戦か停戦か」ではない。ロシア軍をウクライナ領から追い出さなければ問題は根本的に解決しないという基本認識は、議論の当然の前提だ。

プーチンはすでに敗北した

これまで見てきたように、ウクライナが勝利するシナリオも、停戦シナリオも、近い将来に実現する可能性は低い。

一方で、ロシアが今後ウクライナの大部分を占領してしまうという最悪のシナリオは十分あり得る。国際社会からの支援が途絶えれば、それは時間の問題かもしれない。

それでも、ウクライナの人々の多くは、軍事的に敗北したとしても、屈服を拒むだろう。ゲリラ戦やロシアを標的にしたテロといった泥沼の状況が長期間続き、戦闘継続以上にウクライナ、ロシア双方の犠牲が積み上がることも考えられる。

「勝利」を手にしたプーチン氏は、さらなる前進を試みるかもしれない。NATOに加盟

首脳会談の冒頭、ロシアのプーチン大統領（右）と握手を交わす安倍晋三首相＝2019年１月22日、モスクワのクレムリン、岩下毅撮影

していないモルドバやジョージアに手を伸ばそうとするかもしれない。ＮＡＴＯ加盟国を正面から侵略するのは難しいにしても、ロシア系住民が多い近隣国を内部から不安定化させるなどして、ＮＡＴＯや欧州連合（ＥＵ）の信頼性を傷つけようとする可能性は大いにある。プーチン氏にとって、政権維持のためには戦争継続のほうが都合が良いという構図になってしまっていることは、第１章で指摘した通りだ。

そんな事態を招かないためにも、私たちはウクライナを見捨てず、それぞれのやり方で支援を続ける必要がある。

２０１４年にロシアがウクライナのクリミア半島を占領し、ウクライナ東部に軍事介入した際、国際社会はその行為がはらむ危険性を過小評価し、毅然とした対応をとらなかった。このことが、プーチン氏に「次もやれる」という誤解を与え、今回の戦争を招く一因となった。クリミア占領後も、北方領土問題の解決と平和条約締結を求めて「ウラジーミル、君と僕は同じ未来を見ている」とプーチン氏に呼びかけた安倍首相（当時）の日本も、その責任の一端を負っている。

日本を含む国際社会の失敗のつけを、ウクライナの人々だけに払わせるのは著しく理不尽で、正義に反することではないだろうか。

クリミアを含むウクライナの全領土からロシア軍を撤退させるという、ウクライナが望むような勝利を収めることは難しいかもしれない。

しかし、プーチン氏が、自身が望む勝利、つまりロシアに従順なウクライナを手にすることはできない。ロシアと一体化したウクライナ、ロシア人としての自己認識を持つ人々が国民であるようなウクライナを作ることは、もはや不可能だ。その可能性を完全につぶしたのは、全面的な侵略戦争という手段に訴えたプーチン氏自身だ。

その意味で、プーチン氏はすでに敗北したのだ。

おわりに

2024年6月、私はロシアのサンクトペテルブルクを訪れた。プーチン大統領が出席して開かれる国際経済フォーラムを取材するためだ。

第2章で書いたように、23年の経済フォーラムでは、いったん下りた取材許可が土壇場で取り消されてしまった。ロシアに制裁を科して「非友好国」に認定されている国の記者をフォーラムから締め出すための措置だった。それが今回は一転、認められたのだ。

ロシアは、欧米などの国々との関係の立て直しが必要だと考えたのだろうか。

実際はまったく逆だった。「ロシアはこれから西側のみなさん抜きでやって行きます」という決意を見せつけるようなフォーラムとなった。

ロシアを代表する企業や地方自治体が華やかなブースを並べる会場のたたずまいは、以前と同じだ。しかし中身は、ウクライナへの全面侵攻を始める前とはまったくの別物になっていた。

かつて日本の安倍晋三首相（当時）も出席したことがある全体会合で、プーチン氏と共に壇上に並んだのは、南米ボリビアのアルセ大統領と、アフリカ南部ジンバブエのムナンガグワ大統領。いずれも、反米的で強権的な指導者の系譜に連なる大統領として知られる。

会場では、登壇者が口々に欧州の現状を批判する「欧州へのレクイエム」と銘打った討論会や、欧米でロシア擁護の論陣を張っている識者を集めた「西側はロシアを悪魔化できただろうか？」と題する討論会も開かれた。

かつて欧州に向かって開いたロシアの窓という役割を担っていたフォーラムは、すっかり様変わりしてしまった。

会場から一歩外に出ると、以前と変わらない美しい街並みが広がっている。そろそろ白夜の季節。深夜になっても薄明かりが残る通りは若者らでにぎわい、劇場には一年でも最も力が入った演目がかかっている。

街の表情を見るかぎり、戦争などどこか遠い世界のできごとのようだ。

一方でウクライナのキーウの劇場では、空襲警報が鳴るたびに上演が中断され、観客はシェルターへの避難を余儀なくされている。

サンクトペテルブルクの通りを行き交う人々の明るい表情を見るとき、ロシアからの無慈悲な攻撃にさらされているウクライナの人々に思いをはせる人がどれだけいるのだろうかと、思わずにいられなかった。

取材の成果を1冊にまとめる作業を終えるときにいつも味わう充実や達成の感情は、今回は控えめだ。

もちろん、この無益な戦争が終わる見通しが立たないことが最大の理由だ。今後、どんなかたちで停戦を迎えたとしても、すでに起きてしまった膨大な人命の損失や破壊を元に戻すことはできない。消すことのできない憎悪も、多くの人々の心に刻み込まれた。

もう一つ私の心を曇らせるのは、理不尽な侵略を受けるウクライナの人々に思いを寄せることなく、ロシアに対する必死の抵抗を冷笑的に見る人々が、少数とはいえ日本にもいるという事実だ。その中には、ロシアや日本について有益な意見交換をしてきた尊敬すべき先輩や友人も含まれる。

日本はかつて、近隣諸国を武力で蹂躙《じゅうりん》し、取り返しがつかない傷痕を残した。その反省を出発点に据えたのが、戦後の日本ではなかったのか。

ウクライナが抵抗をやめれば平和が訪れるかのような無責任な議論を聞くとき「日本軍に抵抗した近隣国の人々にも、同じ事を言えるのだろうか」という疑問を禁じ得ない。

ロシアの侵略を招いた責任がウクライナの現政権にあるかのような主張も見聞きする。もちろん政治が結果責任を問われる営みである以上、そうした面があることは否定できない。

しかしプーチン氏に「次もやれる」と思わせてしまった責任は、ウクライナよりもむしろ、ロシアによる14年のクリミア占領とウクライナ東部への軍事介入がはらむ危険性を軽視して、その場しのぎの対応に終始した欧米を中心とする国々にあるだろう。その意味で、クリミア占領後も、北方領土問題の解決を夢見てプーチン氏にすり寄った日本は、単なる傍観者以上の責任を負っている。このことは、終章で指摘した通りだ。

私自身、自分が当時書いた記事を振り返って、認識が甘かったことを認めざるを得ない。「今日のウクライナは明日の東アジアかもしれない」という岸田文雄首相の言葉は、どこかひとごとのように響く。そこからは、なぜ今日の事態を招いてしまったのかという問題意識も、かつて東アジアで日本がやったことを振り返る視点も感じられない。自らの外交の検証をしないことは、日本の大きな悪弊だ。

岸田氏の言葉を聞くたびに私が感じるのは「今日のロシアのような国に明日の日本がなるかもしれない」という危機感だ。それが杞憂と言い切れないことを、本書を読めばお感じいただけるのではないだろうか。

ともあれ、本書を世に出すことができたのは、隔週のニュースレターを通じて、日々ロシアについて考え、学び、書く機会を私に与えてくれた朝日新聞社のおかげが大きい。ここに謝意を表明したい。もちろん、本書に書かれていることは社を代表するものではなく、私個人の見解だ。誤りや見当違いな点などがあるとすれば、ひとえに私に責任がある。読者のみなさんの率直なご批判をあおぎたい。

朝日新書編集部の吉崎洋夫氏と松尾信吾編集長には、構想段階の雑多なメモの束から、まとまりのある1冊の本にまで導いていただいた。厚くお礼を申し上げる。

駒木明義　こまき・あきよし
朝日新聞論説委員=ロシア、国際関係。1966年東京都生まれ。90年に朝日新聞社入社。和歌山支局、長野支局、政治部、国際報道部などで勤務。94～95年モスクワに、2001～02年ボローニャに研修派遣。05～08年モスクワ支局員、13～17年モスクワ支局長。著書に『安倍vs.プーチン　日ロ交渉はなぜ行き詰まったのか？』(筑摩選書)。共著に『プーチンの実像』(朝日文庫)、『検証 日露首脳交渉』(岩波書店)。

朝日新書
968

ロシアから見《み》える世界《せかい》

なぜプーチンを止められないのか

2024年9月30日第1刷発行

著　者　駒木明義

発行者　宇都宮健太朗
カバーデザイン　アンスガー・フォルマー　田嶋佳子
印刷所　TOPPANクロレ株式会社
発行所　朝日新聞出版
〒104-8011　東京都中央区築地5-3-2
電話　03-5541-8832（編集）
　　　03-5540-7793（販売）

Published in Japan by Asahi Shimbun Publications Inc.
ISBN 978-4-02-295277-6
定価はカバーに表示してあります。

朝日新書

8がけ社会
消える労働者 朽ちるインフラ

朝日新聞取材班

2040年に1100万人の労働力が足りなくなる。迫り来る超人手不足の社会とどう向き合うか。取材班が現場を歩き実態に迫り打開策を探る「朝日新聞」大反響連載を書籍化。多和田葉子氏、小熊英二氏、安宅和人氏、増田寛也氏ほか識者インタビューも収録。

ロシアから見える世界
なぜプーチンを止められないのか

駒木明義

プーチン大統領の出現は世界の様相を一変させた。ウクライナ侵攻、子どもの拉致と洗脳、核攻撃による脅し……世界の常識を覆し、蛮行を働くロシアの背景には何があるのか。ロシア国民、ロシア社会はなぜそれを許しているのか。その驚きの内情を解き明かす。

電話恐怖症

大野萌子

「電話の着信音がなると動悸がする」「電話を人に聞かれるのが嫌」。近年、電話恐怖症が原因で心身症状が現れ、退職にまで追い込まれる若者が増えている。その背景には何があるのか。電話が嫌いでたまらない人へ、今日からできる対策法。大丈夫、きっと治せます。

裏金国家
日本を覆う「2015年体制」の呪縛

金子　勝

「裏金」がばらまかれ、言論を封殺し、縁故主義による仲間内資本主義（クローニーキャピタリズム）がはびこる日本社会。民主主義を破壊し、国際競争力を低下させ、経済の衰退を招いた「2015年体制」とは。負のらせん状階段を下り続ける、この国の悪弊を断つ。